Jonathan Leeman
Gemeindezucht

W0402101

9Merkmale GESUNDER GEMEINDEN

GEMEINDEZUCHT

WIE DIE GEMEINDE DEN NAMEN JESU EHRT UND BEWAHRT

betanien

JONATHAN LEEMAN

Jonathan Leeman (MDiv, Southern Baptist Theological Seminary) ist Mitglied der Capitol Hill Baptist Church in Washington, D.C., wo Mark Dever als Hauptpastor dient und dessen Dienst »9 Marks of a Healthy Church« beheimatet ist. Leeman ist außerdem Autor des Buches *The Church and the Surprising Offense of God's Love*. Darüber hinaus dient er als leitender Redakteur von *9Marks Ministries* und ist Herausgeber dessen eJournals.

1. Auflage 2017

© der englischen Originalausgabe 2012 by Jonathan Leeman
Originaltitel: *Church Discipline*
Erschienen bei Crossway Books, Wheaton, Illinois

© der deutschen Übersetzung: Betanien Verlag 2017
Imkerweg 38 · 32832 Augustdorf
www.betanien.de · info@betanien.de
Übersetzung: Jutta Schierholz
Lektorat: Larissa Eliasch
Cover: 9Marks.org und Sara Pieper
Satz: Betanien Verlag
Druck: Druckhaus Nord, Bremen

ISBN 978-3-945716-37-3

Inhalt

Vorwort zur 9Marks-Buchreihe

Glauben Sie, dass es Ihre Verantwortung ist, beim Bau einer gesunden Gemeinde mitzuhelfen? Wenn Sie Christ sind, glauben wir, dass das der Fall ist.

Jesus hat uns aufgetragen, Jünger zu machen (Mt 28,18-20). Im Judasbrief lesen wir, dass wir uns im Glauben erbauen sollen (Jud 20-21). Petrus ruft uns auf, unsere Gaben zum Dienst für andere einzusetzen (1Petr 4,10). Paulus sagt, dass wir die Wahrheit in Liebe reden sollen, damit die Gemeinde wächst und reift (Eph 4,13.15). Sehen Sie, worauf all das hinausläuft?

Ob Sie nun einfaches Gemeindemitglied oder Verantwortungsträger sind – diese Buchreihe will Ihnen helfen, diese biblischen Gebote und Aufträge zu erfüllen und somit Ihrer persönlichen Aufgabe beim gemeinsamen Bauen einer gesunden Gemeinde nachzukommen. Anders ausgedrückt: Wir hoffen, diese Bücher helfen Ihnen, Ihre Liebe zu Ihrer Gemeinde hin zu der vollkommenen Liebe wachsen zu lassen, mit der Jesus die Gemeinde liebt.

9Marks möchte zu allen neun Merkmalen gesunder Gemeinden (die unserem Dienst seinen Namen geben, mehr dazu siehe Seite 139) jeweils ein kurzes, leicht lesbares Buch herausgeben, sowie ein weiteres über gesunde Lehre. Beachten Sie also auch unsere Bücher über Auslegungspredigt, biblische Theologie, das Evangelium, Wachstum durch Jüngerschaft, Gemeindeleitung, Gemeindemitgliedschaft und Bekehrung.[1]

Örtliche Gemeinden existieren, um Gottes Herrlichkeit in der Welt zu zeigen. Das tun wir, indem wir unsere Augen auf das

---

1 Auf Deutsch sind diese Bücher derzeit – Stand Februar 2017 – in Planung bzw. Vorbereitung, abgesehen von »Auslegungspredigt«: Dieser Band von David Helm ist bereits beim 3L-Verlag erschienen (Anm. Betanien Verlag).

Evangelium Jesu Christi richten, ihm zu unserem Heil vertrauen und dann einander mit Gottes eigener Liebe, Heiligkeit und Einheit lieben. Unser Gebet ist es, dass das vorliegende Buch Ihnen dabei helfen möge.

Hoffungsvoll,
Mark Dever und Jonathan Leeman
Herausgeber der Reihe

VORWORT

Das Evangelium: eine kurze und eine lange Version

An welche Version des Evangeliums glauben Sie?

Ihre Antwort auf diese Frage hat direkte Auswirkungen darauf, wie Sie über Gemeindezucht denken. Deshalb lohnt es sich, vor allen weiteren Überlegungen zuerst darüber nachzudenken, ob wir überhaupt über dasselbe Evangelium sprechen.

Hier sind zwei leicht unterschiedliche Versionen des Evangeliums. Die erste lässt vermutlich jede Diskussion über Gemeindezucht von vorneherein verstummen. Die zweite bringt die Diskussion erst in Gang.

> Version 1: Gott ist heilig. Wir alle haben gesündigt und sind dadurch von Gott getrennt. Doch Gott hat seinen Sohn gesandt, der am Kreuz starb und wieder auferstand, damit wir Vergebung haben können. Jeder, der an Jesus glaubt, darf ewiges Leben haben. Wir werden nicht durch Werke gerechtfertigt, sondern allein aus Glauben. Deshalb ruft das Evangelium alle Menschen dazu auf, »einfach nur« zu glauben. Ein bedingungslos liebender Gott wird Sie so annehmen, wie Sie sind.

> Version 2: Gott ist heilig. Wir alle haben gesündigt und sind dadurch von Gott getrennt. Doch Gott hat seinen Sohn gesandt, der am Kreuz starb und wieder auferstand, damit wir Vergebung haben und beginnen können, Jesus als König und Herrn nachzufolgen. Jeder, der umkehrt und an ihn glaubt,

> darf ewiges Leben haben: ein Leben, das heute beginnt und bis in alle Ewigkeit andauert. Wir werden nicht durch Werke gerechtfertigt, sondern allein aus Glauben, doch echter Glaube bleibt nie allein ohne Werke. Deshalb ruft das Evangelium alle Menschen zur Umkehr und zum Glauben. Ein trotz unerfüllter Bedingungen liebender Gott wird Sie entgegen dessen, was Sie verdient haben, annehmen und befähigen, durch die Kraft des Heiligen Geistes heilig und gehorsam wie sein Sohn zu werden. Indem er Sie mit sich selbst versöhnt, versöhnt Gott Sie auch mit seiner Familie, der Gemeinde, und befähigt Sie, gemeinsam als sein Volk seinen eigenen heiligen Charakter und seine dreieinige Herrlichkeit zu repräsentieren.

Also, was denken Sie? Welche dieser beiden Versionen entspricht Ihrer Meinung nach besser der biblischen Lehre?

Die erste Version betont Christus als Erlöser. Die zweite Version betont Christus als Erlöser und Herr.

Die erste Version weist auf die Vergebung durch Christus im Neuen Bund hin. Die zweite Version umfasst zusätzlich die Wiedergeburt und Erneuerung durch den Heiligen Geist im Neuen Bund.

Die erste Version weist auf den neuen Status hin, den Christen als Kinder Gottes haben. Die zweite Version umfasst zusätzlich zum neuen Status das neue Arbeitsfeld, das den Christen als Bürger des Reiches Gottes zugewiesen wurde.

Die erste Version weist auf die Versöhnung des Christen mit Christus hin, die zweite auf die Versöhnung des Christen mit Christus und seinem Volk.

Wenn Ihre Auffassung vom Evangelium bei der ersten Version endet, werden Sie weder aus dem Thema der Gemeindezucht noch aus diesem Buch großen Nutzen ziehen können. Wenn Sie aber die zweite Version vertreten, beginnt hier eine längere Diskussion. Davon abgesehen, dass Gemeindezucht ausdrücklich biblisch geboten ist, ist sie eine Konsequenz der zweiten Version.

Alle Aussagen der ersten Version sind durchaus richtig, aber noch nicht vollständig. Für sich allein genommen verleitet diese

Version zu einem Glauben an billige Gnade. Ich halte die zweite Version für eine gehaltvollere Darstellung des biblischen Evangeliums, die eher zu einem Verständnis von der Gnade führt, die Christen dazu beruft, ihr Kreuz auf sich zu nehmen und Jesus in heiligem Auftrag nachzufolgen.

Zwei Reaktionen auf Gemeindezucht

Ich vermute, dass in den letzten hundert Jahren viele Gemeindeleiter die zusätzlichen Elemente der zweiten Version des Evangeliums durchaus bejaht hätten – zumindest wenn es darum ginge, Kreuzchen in einem Fragebogen zu setzen. Aber es war nicht das, was sie predigten. Es war nicht das, was sie Herrn und Frau Müller erzählten, wenn diese ihren sechsjährigen Max ins Gemeindebüro brachten und den Gemeindeleiter baten, ihn zu taufen.

Gemeindeleiter wollen gerne Außenstehende erreichen. Dieser gute Wunsch jedoch führt oft in die schlimme Versuchung, das Evangelium zu verschlanken. Es ist vergleichsweise einfach, über Gottes Gnade, bedingungslose Liebe und Glauben zu sprechen. Das Reden über Gottes Heiligkeit, die Herrschaft Christi, eine vom Heiligen Geist gewirkte Buße und die Realität des Neuen Bundes für die Gemeinde fällt dagegen deutlich schwerer. Denn all das stellt Ansprüche an einen Menschen. Es fordert Verbindlichkeit. Wenn Sie eine Gemeinde auf ein Evangelium aufbauen, das geringe Ansprüche stellt und wenig Verbindlichkeit fordert, dann macht Gemeindezucht überhaupt keinen Sinn.

Stellen Sie sich eine Gemeinde vor, die mit der geistlichen Milch »Einfach nur glauben« und »Bedingungslose Liebe« genährt wurde. Stellen Sie sich vor, wie Sie dieser Gemeinde von Ihren Erwägungen erzählen, den kleinen Max aus der Gemeinde auszuschließen, weil Max inzwischen nicht mehr sechs, sondern zwanzig ist und seit dem Schulabschluss vor zwei Jahren keine Kirche mehr von innen gesehen hat. Sie werden in dieser Gemeinde nicht nur Verwirrung stiften, sondern frontal in deren

Auffassung von Christentum hineinkrachen wie ein Auto in den Gegenverkehr.

»Du bist richtend!«

»Warum sollte ein bedingungslos liebender Gott jemanden züchtigen wollen?«

»Das klingt nach Gesetzlichkeit. Wir sind aber aus Glauben gerechtfertigt und nicht aus Werken!«

»Das Heil ist unverlierbar!«

Mit anderen Worten: Sie werden glatt überfahren.

Stellen Sie sich nun eine andere Gemeinde vor. Eine, deren Prediger und Hirten den gesamten Ratschluss Gottes verkündigen. Deren Mitglieder aufgefordert wurden, erst die Kosten der Nachfolge Christi zu überschlagen, bevor sie ein Glaubensbekenntnis ablegen. Sie haben gehört, das Reich Gottes gehöre den Armen im Geiste, denen, die reinen Herzen sind, und den Friedensstiftern (Mt 5,4-9). Sie haben gehört, dass der himmlische Vater jede Rebe an Christi Weinstock abschneiden wird, die keine Frucht trägt, weil das echte Evangelium Menschen konkret verändert (Joh 15,2). Sie kennen den Unterschied zwischen weltlicher und göttlicher Traurigkeit: Weltliche Traurigkeit bemitleidet sich selbst, göttliche beinhaltet sehnendes Streben, Entrüstung, Furcht, Verlangen und Eifer (2Kor 7,10-11).

Die zweite Gemeinde wird eher verstehen, dass Gott, der Sohn, Menschen mit sich selbst und seiner Familie wirklich versöhnt, um Leben und Wachstum zu bewirken. Sie wird begreifen, dass Gott, der Heilige Geist, tatsächlich in Menschen ein ganz neues Wesen schafft – dass echte Christen sich verändern. Erzählen Sie diesen Gemeindemitgliedern, dass sich der zwanzigjährige Max seit zwei Jahren nicht mehr hat blicken lassen. Sie werden nicht schulterzuckend seufzen: »Das Heil kann er ja eh nicht wieder verlieren« und weiter ihre Lobpreislieder singen. Sie werden stattdessen zum Telefon greifen, versuchen, Max zu erreichen, ihn zum Essen einladen, fragen, wie es ihm geht. Sie werden ihn für seine Behauptung, Christ zu sein, zur Rechenschaft ziehen. Sie könnten ihn sogar als allerletzte Hilfsmaßnahme aus der Gemeinde ausschließen. Sie lieben ihn zu sehr, als dass sie es nicht tun würden. Sie lieben seine nichtchristlichen Freunde und Kollegen zu sehr, als dass sie es nicht tun würden.

Salz und Licht

Es ist Gottes Wort, das den geistlich Toten neues Leben einhaucht, doch Gott möchte, dass sein Wort vor einem Hintergrund erstrahlt, der aus veränderten Menschenleben besteht. Veränderte Leben lassen das Zeugnis einer Gemeinde lebendig und herausfordernd erscheinen. Die Welt braucht keinen christlich angehauchten Abklatsch von Weltmenschen, die sich Christen nennen, sondern etwas, das voller Licht und Geschmack der Herrlichkeit Gottes ist – das sich von ihnen unterscheidet.

> Ihr seid das Salz der Erde. Wenn aber das Salz fade wird, womit soll es wieder salzig gemacht werden? Es taugt zu nichts mehr, als dass es hinausgeworfen und von den Leuten zertreten wird. Ihr seid das Licht der Welt. Es kann eine Stadt, die auf einem Berg liegt, nicht verborgen bleiben. Man zündet auch nicht ein Licht an und setzt es unter den Scheffel, sondern auf den Leuchter; so leuchtet es allen, die im Haus sind. So soll euer Licht leuchten vor den Leuten, dass sie eure guten Werke sehen und euren Vater im Himmel preisen. (Mt 5,13-16)

Salz ist nützlich, weil es anders ist. Licht wirkt auf diejenigen, die im Dunkeln stehen, anziehend, weil es … nicht dunkel ist.

EINLEITUNG

Ein Rahmen für Gemeindezucht

Dieses Buch ist nicht in erster Linie dazu gedacht, Sie von der Notwendigkeit der Gemeindezucht zu überzeugen. Vielmehr soll es denjenigen helfen, die davon bereits überzeugt sind, um zu entscheiden, wie und wann Gemeindezucht ausgeübt werden soll. In diesem Zusammenhang ist es wichtig zu sehen, wie uns das Evangelium von Jesus Christus einen theologischen Rahmen für den Umgang mit Gemeindezucht gibt. Gemeindezucht ist in ihrer sowohl formenden als auch korrektiven Funktion eine Konsequenz des Evangeliums. Wir werden ihre Praxis besser verstehen, wenn wir mittels des *Evangeliums* an das Thema herangehen.

Das bedeutet, dass meine Herangehensweise zum Thema Gemeindezucht eine etwas andere ist als die vieler anderer Autoren. Wenn in den vergangenen Jahrhunderten über Gemeindezucht geschrieben wurde, wurden dabei manchmal Sündenregister aufgeführt, die laut Bibel Gemeindezucht rechtfertigen würden. Der Gedanke dahinter war, den Gemeindeleitern einen grundlegenden Leitfaden an die Hand zu geben, anhand dessen sie ihre pastoralen Problemfälle beurteilen könnten.

Heute enthalten Schriften über Gemeindezucht gewöhnlich einen Überblick über die Schritte, wie Jesus sie in Matthäus 18,15-20 darlegt. Die Literatur erklärt, wie man zuerst unter vier Augen, dann zu zweit oder zu dritt und schließlich mit der ganzen Gemeinde auf den Sünder zugeht. Dabei geht es weniger um die unterschiedlichen Formen von Sünde. Die immer weiter werdenden Kreise von Matthäus 18 gelten dabei als Patentrezept.

Beide Ansätze – die von damals und heute – haben viele Vorzüge, doch meine Methode ist eine etwas andere. Ich möchte einen theologischen Rahmen spannen, der sich aus der Vielzahl der unterschiedlichen Ansätze ergibt, die die biblischen Verfasser selbst haben. Paulus hat zum Beispiel in 1. Korinther 5 einen anderen Ansatz als Jesus in Matthäus 18. Paulus fordert die Gemeinde auf, den Sünder ganz ohne vorherige Warnung auszuschließen. Warum? Manche Ausleger meinen, der Grund sei, dass die Sünde »öffentlich Anstoß erregt« hat. Doch das erweckt den Eindruck, die Entscheidung der Gemeinde, wer zum Reich Gottes gehört, hinge von den veränderlichen moralischen Normen der umgebenden Gesellschaft ab. Das kommt mir persönlich sehr seltsam vor. Gibt es nicht eine theologische Verbindung zwischen Matthäus 18 und 1. Korinther 5? Meiner Meinung nach ja, und wir finden diese Verbindung, wenn wir das Thema Gemeindezucht im Licht des Evangeliums betrachten.

Dieser auf einem theologischen Rahmen basierende Ansatz hilft Gemeindeleitern auch, mit der endlosen Vielfalt an Umständen und Sünden umzugehen, für die es in der Bibel keine passenden Beispiele gibt – Sünden, die auf keiner Liste auftauchen. Wenn Sie seit einer Weile Pastor (oder ganz einfach Mensch) sind, dann wissen Sie, dass Sünder (also solche wie Sie und ich) unendlich kreativ sind. Menschen folgen nicht immer einem Rezept, wenn sie ihr persönliches Sündensüppchen kochen. Jeder Sündeneintopf ist hausgemacht und schmeckt ein wenig anders als die anderen. Deshalb möchte ich in Teil 1 einen theologischen Rahmen entwerfen, der Gemeindeleitern helfen soll, mit den vielen unterschiedlichen Situationen umzugehen, mit denen sie konfrontiert werden.

Schwierige Fragen

Bei unserem Dienst 9Marks (siehe dazu S. 139) werden wir mit einer Menge Fragen von Pastoren zum Thema Gemeindezucht konfrontiert. Hier sind nur einige von denen, die ich in letzter Zeit in meinem E-Mail-Postfach vorfand:

- Kann man an einem Nichtmitglied Gemeindezucht üben?
- Was sollen wir tun, wenn eines unserer Mitglieder den Glau-

ben vollkommen aufgibt und sich nicht mehr als Christ bezeichnet?

- Soll eine Gemeinde den Austritt einer Person akzeptieren, die in Sünde lebt und keine Bereitschaft zur Umkehr zeigt?
- Was sollen wir tun, wenn ein Gemeindemitglied sich weigert, sich von einer Person fernzuhalten, die aus der Gemeinde ausgeschlossen wurde?
- Sollen wir mit einem Familienmitglied, an dem Gemeindezucht geübt wurde, Weihnachten feiern?
- Nimmt es der Gemeindezucht die Bedeutung, wenn wir einer ausgeschlossenen Person erlauben, weiter zum Gottesdienst zu kommen?
- Wie sollen wir mit einem Nichtmitglied verfahren, das seit Langem zum Gottesdienst kommt, aber spaltend wirkt?
- Wie sollen wir mit einem langjährigen Gemeindemitglied verfahren, das nie zum Gottesdienst kommt und spaltend agiert?
- Ist die Heirat mit einem Nichtchristen ein Fall für Gemeindezucht?
- Ist Völlerei ein Fall für Gemeindezucht?
- Ist Magersucht oder Bulimie ein Fall für Gemeindezucht?
- Ist der Glaube an die Neue Paulusperspektive ein Fall für Gemeindezucht?
- Gibt es verschiedene »Ebenen« der Gemeindezucht?
- Soll eine Gemeinde reuelosen Ehebruch gleich behandeln wie anhaltendes Fernbleiben von der Gemeinde?
- Soll die Gemeinde an Minderjährigen, die eine schwerwiegende Sünde begehen, Gemeindezucht üben?
- An welchem Punkt wird es notwendig, einen Pastor unter Gemeindezucht zu stellen?
- Und wer soll diesen Prozess leiten?
- Welche speziellen Richtlinien gelten für Gemeindeglieder im Umgang mit einer Person unter Gemeindezucht?
- Ist es bei ernsthafteren und öffentlich sichtbaren Sünden angemessen, dass eine Person als Erweis ihrer Umkehr ihre Sünde öffentlich vor der gesamten Gemeinde bekennt?

- Wann sollen wir eine Person, die aus der Gemeinde ausgeschlossen wurde, wieder in die Gemeinschaft aufnehmen? Und wie?

Ein solider theologischer Rahmen bietet eine gute Hilfe, diese und viele weitere Fragen zu beantworten.

Zugegeben, diese Fragen sind sehr direkt und nur begrenzt übertragbar. Das echte Leben ist oft viel komplizierter, wenn man anfängt, die vielen Schichten aus Sünden und Lebensumständen abzutragen. Was ist zum Beispiel mit dem Finanzberater, der seine Klienten erfolgreich um ihr Geld bringt, ohne dabei gegen Gesetze zu verstoßen, der Konkurs macht, von diesen Klienten verklagt wird, sagt, dass es ihm leidtue, aber wenig Interesse daran zeigt, diese Klienten mühsam auszuzahlen, zumal das Geld weg ist und er nicht die nächsten zehn Jahre seines Lebens nur Opfer erbringen möchte?

Was ist mit der alleinerziehenden Mutter, die drei Kinder von drei verschiedenen Männern hat, nun von einem weiteren Mann mit dem vierten Kind schwanger ist und im Gemeindebüro in Tränen ausbricht? Sagen ihre vielen Tränen etwas darüber aus, ob sie wirklich bußfertig ist?

Was ist mit dem Alkoholiker, der einige gute, einige schlechte Monate hat und schließlich wegen öffentlichen Alkoholkonsums[2] im Gefängnis landet? Um wieviel schlimmer wäre seine Sünde, wenn er einem Polizisten gegenüber handgreiflich wird? Was, wenn dieser neueste Vorfall davon ausgelöst wurde, dass er seinen Job verloren oder seine Frau ihn verlassen hat? Sollen wir hier nachsichtiger sein?

Oder nehmen Sie die Situation, von der mir ein Gemeindeältester, dem ich nie begegnet bin, am Telefon erzählte: Die Frau eines Mannes hatte mit einer anderen Frau Ehebruch begangen. Er reichte die Scheidung ein, obwohl sie an der Ehe festhalten wollte. Anschließend hatte er selbst vor und nach der Scheidung

2 In vielen Staaten der USA ist Alkoholkonsum in der Öffentlichkeit strafbar (Anm. Betanien Verlag).

mehrere Affären. Dies alles kam nun zwei Jahre später ans Licht, als dieser Mann gerade im Begriff war, die Tochter des Hauptpastors zu heiraten. Was hätten Sie ihm geraten?

Meine beste Antwort lautet oft: »Ich habe keine Ahnung, aber ich werde für Sie beten.«

Zur Beurteilung einer Situation verwende ich einen theologischen Rahmen. In Teil 1 dieses Buches möchte ich diesen Rahmen erläutern, mit dessen Hilfe Sie auf all die unterschiedlichen Situationen reagieren können, die in Ihrer Gemeinde auftreten.

Fundamentalismus oder Weisheit des Evangeliums?

Im Leben wäre es oftmals schön, ein Regelwerk zu haben, das alles in Schwarz und Weiß einteilt: »Wenn *dieses* passiert, musst du *jenes* tun.« Wenn Sie Kinder haben oder Pastor sind, dann wissen Sie genau, was ich meine.

Dasselbe gilt für die Frage, wann und wie wir auf die Sünde von Mitchristen reagieren sollen: »Kann mir irgendjemand eindeutig sagen, ob ich Bob bald zur Rede stellen oder lieber weiter den Mund halten soll?«

Fundamentalismus (im aggressiv-religiösen Sinne) scheint von diesem Wunsch nach Eindeutigkeit motiviert zu sein. Er möchte Schwarz-Weiß-Lösungen an Stellen, wo die Bibel schweigt. Er wünscht sich Sicherheit, wo es keine gibt.

Warum sollte Gott Dinge im Unklaren lassen? Ich vermute unter anderem, dass Gott möchte, dass wir uns nach seiner Weisheit ausstrecken. Denn dieses Ausstrecken nach Weisheit verlangt, dass von Natur aus selbstgenügsame Menschen, wie wir es sind, sich auf ihn verlassen. All diese Grauzonen im Leben dienen als Übungsfelder für unser Vertrauen.

Abgesehen davon gibt uns Gottes Wort durchaus allgemeine Leitlinien oder einen groben Rahmen. Unsere Aufgabe ist es, diesen Rahmen zu verstehen und ihn dann mit Feingefühl von einer Situation auf eine andere zu übertragen, immer im Vertrauen auf

Gott und immer mit der Bitte um Weisheit. Darum wird es in Teil 2 dieses Buches gehen. Dies ist kein fundamentalistisches Handbuch: »Wenn *dieses* passiert, musst du *jenes* tun.« Vielmehr ist es mein Versuch zu zeigen, wie der grundlegende Rahmen differenziert auf unterschiedliche Szenarien anzuwenden ist, damit Sie eine bessere Vorstellung davon bekommen, wie dieser Prozess verläuft. Die getroffenen Entscheidungen innerhalb dieser Szenarien sind nicht in Stein gemeißelt, sondern repräsentieren meine Bemühungen oder die anderer Pastoren, nach bestem Gewissen die Weisheit des Evangeliums anzuwenden. Diese Beispielfälle von Teil 2 erlauben mir auch mehr situationsabhängige Nuancen, als die festen Prinzipien in Teil 1 es tun.

Wie auch einige der oben genannten Beispiele habe ich diese Fallbeispiele unter Verwendung von realen Situationen konstruiert, mit denen ich persönlich zu tun hatte oder von denen ich aus zweiter Hand erfahren habe. Bei allen Beispielen habe ich Einzelheiten verändert.

Teil 3 bildet den Abschluss des Buches. Hier geht es darum, wie Sie Ihre Gemeinde auf dem Weg begleiten können, formell Gemeindezucht zu üben und hier wird gezeigt, was Sie in Ihrer Gemeinde lehren und welche Strukturen Sie einführen müssen.

Sollen wir Gemeindezucht üben?

Soll Ihre Gemeinde Gemeindezucht üben? Ja. Denn Gemeindezucht ist in erster Linie Liebe. Hierin zeigt sich:

- Liebe zum einzelnen Menschen, der gewarnt und zur Umkehr geführt werden muss,
- Liebe zur Gemeinde, damit die schwächeren Schafe geschützt werden,
- Liebe zur Welt, die uns beobachtet – damit sie Christi lebensverändernde Kraft erkennen kann,
- Liebe zu Christus, damit die Gemeinden seinen heiligen Namen ehren und ihm gehorchen.

Wenn wir andererseits auf Gemeindezucht verzichten, behaupten wir damit, dass unsere Liebe besser ist als die von Gott. Denn »wen der Herr liebt, den züchtigt er, und er schlägt jeden Sohn, den er annimmt« (Hebr 12,6).

Gott weiß, dass Züchtigung Leben, Wachstum und Gesundheit bringt: Er züchtigt uns »zu unserem Besten, damit wir seiner Heiligkeit teilhaftig werden« (Hebr 12,10).

Das ist durchaus schmerzhaft, aber es lohnt sich: »Alle Züchtigung aber scheint uns für den Augenblick nicht zur Freude, sondern zur Traurigkeit zu dienen; danach aber gibt sie eine friedsame Frucht der Gerechtigkeit denen, die durch sie geübt sind« (Hebr 12,11). Sehen Sie die blühenden Felder der Gerechtigkeit und des Friedens vor sich? Das ist Gottes Verheißung für uns.

Jede Gemeindezucht soll also durch Liebe motiviert sein. Lieben Sie? Dann üben Sie Gemeindezucht. Gemeindezucht ist kein Begriff, den unsere Kultur leicht versteht, und der Zusammenhang zwischen Liebe und Gemeindezucht wird in unserer Kultur noch weniger verstanden. Doch es ist das, was die Bibel lehrt. Glauben Sie, dass das wahr ist?

Konkret sollen Gemeinden Gemeindezucht üben, weil sie

- biblisch ist,
- eine Konsequenz des Evangeliums ist,
- die Gesundheit der Gemeinde fördert,
- das Zeugnis der Gemeinde vor den Nichtchristen klarer und leuchtender hervortreten lässt,
- Sünder vor dem noch größeren kommenden Gericht warnt,
- (als das Wichtigste überhaupt) den Namen und das Ansehen Jesu Christi auf der Erde wahrt.

Jesus hat der Gemeinde seinen Namen gegeben. Er hat sein eigenes Ansehen an uns gebunden. Seltsam, oder? Doch es ist nicht etwa so, dass nun die ganze Last auf unseren Schultern ruht. In der Geschichte Israels im Alten Testament hat Gott bewiesen, dass er tun wird, was auch immer nötig ist, um seinen Namen zu bewahren. Trotzdem gibt er auch unseren Gemeinden eine Aufgabe, nämlich seinen Namen und sein Ansehen vor den Nichtchristen zu wahren. Ob es uns gefällt oder nicht: Die Welt wird anhand dessen, was sie bei uns sieht, ihre Schlüsse über Gott ziehen.

Bei Gemeindezucht geht es ganz grundsätzlich darum, dass Jesu irdische Repräsentanten tatsächlich Jesus repräsentieren und nicht irgendjemand anderen.[3]

Ich hoffe, dass der Gesamtrahmen der folgenden Kapitel überzeugend ist. Er soll ein Bild davon vermitteln, wie die Menschen, die zu Jesus gehören, lernen, wie Jesus auszusehen, damit die uns umgebende Welt ins Staunen kommt.

---

3 Wenn Sie weitere Argumente benötigen, um in Ihrer Gemeinde Gemeindezucht zu praktizieren, empfehle ich das Kapitel 7 aus Mark Devers Buch *9 Merkmale einer gesunden Gemeinde* (3L Verlag, 2009). Einige andere gute Bücher zum Thema sind: *The Transforming Community* von Mark Lauterbach, *Walking Together* von Wyman Richardson, *Love That Rescues* von Eric Bargerhuff und Jay Adams Klassiker *Handbook of Church Discipline*. Eine Reihe kürzerer Artikel findet sich auch auf der Webseite www.9Marks.org.

TEIL 1

DER GROSSE RAHMEN

— 1 —

Die biblischen Grundlagen der Gemeindezucht

Was ist Gemeindezucht? Ganz allgemein ist Gemeindezucht ein Teil des Lebens in der Jüngerschaft: Hier wird Sünde korrigiert und der Jünger auf einen besseren Weg geführt. Jüngerschaft heißt eigentlich Schülerschaft, und dazu gehören die pädagogischen Praktiken von Erziehung, Zucht und Züchtigung. Ein Christ wird durch Lehre und Korrektur erzogen wie im Mathematikunterricht, in dem der Lehrer eine Lektion erteilt und anschließend die Fehler der Schüler korrigiert.

Aus diesem Grund gibt es die jahrhundertealte Praxis der formenden und korrektiven Zucht (oder »Erziehungsmaßnahmen«). Formende Zucht dient dazu, den Jünger durch Lehre zu formen. Korrektive Zucht (das, was landläufig unter »Gemeindezucht« verstanden wird) dient dazu, den Jünger durch die Korrektur von Sünde wieder auf den rechten Weg zu bringen. In diesem Buch geht es vorrangig um die korrektive Gemeindezucht, doch Lehre und Korrektur gehören immer zusammen. Das ist das Wesen des Lebens in der Jüngerschaft.

Im spezielleren, formaleren Sinn bedeutet Gemeindezucht der Ausschluss einer einzelnen Person von der Gemeindemitgliedschaft und der Teilnahme am Abendmahl. Es ist kein Ausschluss von der Teilnahme an den öffentlichen Versammlungen einer Gemeinde, sondern die öffentliche Stellungnahme einer Gemeinde, dass sie das Bekenntnis einer Person zum christlichen Glauben nicht länger bejahen kann. Es ist die Weigerung, dieser Person das Abendmahl zu reichen. Es bedeutet, die Person zu exkommunizieren, sie zu »ex-kommunion-izieren« – sprich: sie von der Gemeinschaft (lat. *communio*) auszuschließen.

Aus diesem Grund werde ich diese Begriffe ausdrücklich synonym gebrauchen: Exkommunizierung ist der Ausschluss aus der Gemeinschaft, was den Ausschluss vom Abendmahl bedeutet, also die formale Gemeindezucht. Anders als manche Theologen, die diese Dinge als unterschiedliche Phasen betrachten, sehe ich sie als eine Einheit.

Was sagt Jesus über Gemeindezucht?

Viele Texte im Neuen Testament handeln von der Praxis der Gemeindezucht. Der vermutlich bekannteste steht im Matthäusevangelium. Hier sagt Jesus:

> Wenn aber dein Bruder an dir gesündigt hat, so geh hin und weise ihn zurecht unter vier Augen. Hört er auf dich, so hast du deinen Bruder gewonnen. Hört er aber nicht, so nimm noch einen oder zwei mit dir, damit jede Sache auf der Aussage von zwei oder drei Zeugen beruht. Hört er aber auf diese nicht, so sage es der Gemeinde. Hört er aber auch auf die Gemeinde nicht, so sei er für dich wie ein Heide und ein Zöllner. (Mt 18,15-17)

Oberflächlich betrachtet scheint es Jesus um zwei Dinge zu gehen: Erstens soll der Sünder umkehren, zweitens soll die Anzahl der an diesem Prozess Beteiligten möglichst gering gehalten werden. Diesen zwei Anliegen liegt die tiefe Überzeugung zugrunde, dass die Gemeinde anders aussehen soll als die Welt – Christen sollen schließlich nicht wie Heiden und Zöllner leben. Matthäus' jüdische Leser verstanden unter »Heiden« diejenigen, die nicht zur Bundesgemeinschaft gehörten, und unter »Zöllner« diejenigen, die die Bundesgemeinschaft verraten hatten (und folglich ebenso außerhalb der Gemeinschaft standen). Die Mitglieder einer Gemeinde sollen anders leben als die Welt. Und wenn sie das auch nach einer Reihe ernsthafter Warnungen nicht tun, soll eine Gemeinde sie von der Gemeinschaft ausschließen.

Die Sünde, die hier beschrieben wird, ist eine zwischenmenschliche: »*an dir* gesündigt« (V. 15). Doch meiner Meinung nach messen wir diesem Detail oft zu viel Gewicht bei. In diesem Text geht es eher darum, ob die Person bußfertig ist und als Bruder oder Schwester in Christus behandelt werden soll. Die übergeordnete Aussage in diesen Versen lautet, dass eine örtliche Gemeinde die Autorität besitzt, ein Glaubensbekenntnis zu beurteilen und entsprechend zu handeln: »Wenn zwei von euch auf Erden übereinkommen über *irgendeine* Sache …« (Mt 18,19). Mit anderen Worten: Gemeinden können den in den Versen 15 bis 17 beschriebenen Prozess der Gemeindezucht breiter anwenden.

Kurz gesagt möchte Jesus, dass Gemeinden eine Richterfunktion ausüben. Die Wendung »zwei oder drei Zeugen« entnimmt er aus 5. Mose 19, wo Mose die Verfahrensregeln für Verbrechensprozesse erläutert. Im Umgang mit Menschen, die das Lippenbekenntnis ablegen, dass sie Jesus nachfolgen, deren Leben aber das Gegenteil bezeugt, müssen Gemeinden mit aller Sorgfalt die Indizien abwägen und ein Urteil verkünden. »Ist dieses Bekenntnis gültig? Bekennt diese Person das Evangelium in Wahrheit? Was sagen die Indizien?«

Was sagen die Apostel über Gemeindezucht?

Auch der Apostel Paulus erwähnt in einer Reihe von Bibelstellen die Gemeindezucht:

- »Brüder, wenn auch ein Mensch von einer Übertretung übereilt würde, so helft ihr, die ihr geistlich seid, einem solchen im Geist der Sanftmut wieder zurecht.« (Gal 6,1)
- »… und habt keine Gemeinschaft mit den unfruchtbaren Werken der Finsternis, deckt sie vielmehr auf.« (Eph 5,11)
- »Einen sektiererischen Menschen weise nach ein- und zweimaliger Zurechtweisung ab.« (Tit 3,10)
- »Wenn aber jemand unserem brieflichen Wort nicht gehorcht, den kennzeichnet und habt keinen Umgang mit ihm, damit

> er sich schämen muss; doch haltet ihn nicht für einen Feind, sondern weist ihn zurecht als einen Bruder.« (2Thes 3,14-15)

Johannes fordert zu einer Art »präventiver Gemeindezucht« auf, indem er bestimmten Personen die Teilnahme am Gemeindeleben erst gar nicht gestattet:

> Jeder, der abweicht und nicht in der Lehre des Christus bleibt, der hat Gott nicht; wer in der Lehre des Christus bleibt, der hat den Vater und den Sohn. Wenn jemand zu euch kommt und diese Lehre nicht bringt, den nehmt nicht auf ins Haus und grüßt ihn nicht. (2Joh 9-10)

Auch Petrus liefert uns in Apostelgeschichte 8,17-24 ein deutliches Beispiel für präventive Gemeindezucht.

Gemeindezucht in Korinth

Ein letzter berühmter Bibeltext über Gemeindezucht steht in 1. Korinther 5. Paulus beschreibt die betreffende Sünde und seine Reaktion darauf in den ersten Versen des Kapitels:

> Überhaupt hört man, dass Unzucht unter euch ist, und zwar eine solche Unzucht, die selbst unter den Nationen nicht stattfindet: dass einer seines Vaters Frau hat. Und ihr seid aufgeblasen und habt nicht etwa Leid getragen, damit der, der diese Tat begangen hat, aus eurer Mitte entfernt würde! Denn ich, zwar dem Leibe nach abwesend, aber im Geist anwesend, habe schon als Anwesender das Urteil gefällt über den, der dieses so verübt hat. (1Kor 5,1-3)

Das Auffallende an Paulus' Rat ist die Art und Weise, wie dieser einerseits Jesu Rat in Matthäus 18 ähnelt, sich andererseits aber davon unterscheidet. Wie Jesus fordert auch Paulus die Gemeinde dazu auf, eine Richterfunktion auszuüben. Er gebraucht sogar mehrere Male die Begriffe »Urteil« (1Kor 5,3) und »richten« (1Kor 5,12-13). Wie Jesus spricht auch Paulus hier von einer Situation, in der jemand, der sich zum Namen Jesu bekennt, aus der Gemeinschaft der Gemeindemitglieder ausgeschlossen werden soll. Doch anders als Jesus fordert Paulus die Gemeinde nicht dazu auf, die Person zu warnen und zur Umkehr zu rufen, wie es Jesus in Matthäus 18 tut. Sondern er fordert die Gemeinde direkt und ohne weitere Diskussion dazu auf, die Person zu entfernen. Mit der Begründung dafür befassen wir uns in Kapitel 3.

In den darauffolgenden Versen beschreibt Paulus genauer, wie ein solcher Gemeindeausschluss ablaufen soll:

> Wenn ihr in dem Namen unseres Herrn Jesus versammelt seid und mein Geist samt der Kraft unseres Herrn Jesus bei euch ist, soll dieser Mensch dem Satan übergeben werden zum Verderben des Fleisches, damit der Geist gerettet werde am Tage des Herrn. (1Kor 5,4-5)

Den Menschen dem Satan zu übergeben heißt laut Jesus, ihn wie einen Heiden oder Zöllner zu behandeln, also wie jemanden, der nicht mehr zur Bundesgemeinschaft gehört. Denn die Gemeinde ist schließlich ein Vorposten des Reiches Gottes. Folglich gehört jeder, der nicht zum Reich Gottes gehört, zum Reich des Satans. Der Satan ist der Fürst dieser Welt und die Reiche dieser Welt sind vorübergehend in seinem Besitz (Joh 12,31; 14,30; Mt 4,8-9).

Anschließend sagt Paulus, dass die gesamte Gemeinde gefährdet wäre, wenn sie den Mann nicht aus der Gemeinde ausschließen würde:

> Euer Rühmen ist nicht gut! Wisst ihr nicht, dass ein wenig Sauerteig den ganzen Teig durchsäuert? Darum fegt den alten Sauerteig aus, damit ihr ein neuer Teig seid, da ihr ja ungesäuert seid! Denn unser Passahlamm ist ja für uns geschlachtet worden: Christus. So wollen wir denn nicht mit altem Sauerteig Fest feiern, auch nicht mit Sauerteig der Bosheit und Schlechtigkeit, sondern mit ungesäuerten Broten der Lauter-

> keit und Wahrheit. Ich habe euch in dem Brief geschrieben, dass ihr keinen Umgang mit Unzüchtigen haben sollt; und zwar nicht mit den Unzüchtigen dieser Welt überhaupt, oder den Habsüchtigen oder Räubern oder Götzendienern; sonst müsstet ihr ja aus der Welt hinausgehen. Jetzt aber habe ich euch geschrieben, dass ihr keinen Umgang haben sollt mit jemand, der sich Bruder nennen lässt und dabei ein Unzüchtiger oder Habsüchtiger oder Götzendiener oder Lästerer oder Trunkenbold oder Räuber ist; mit einem solchen sollt ihr nicht einmal essen. (1Kor 5,6-11)

In den letzten Versen des Kapitels wiederholt Paulus seine Aussage über die Richterrolle der Gemeinde im Leben dieses Menschen: »Denn was gehen mich auch die an, die außerhalb [der Gemeinde] sind, dass ich sie richten sollte? Habt ihr nicht die zu richten, welche drinnen sind? Die aber außerhalb sind, richtet Gott. So tut den Bösen aus eurer Mitte hinweg!« (1Kor 5,12-13).

Der Zweck der Gemeindezucht

1. Korinther 5 ist ein besonders hilfreiches Kapitel in der Frage, welche Ziele Gemeindezucht haben soll. Wir können hier mindestens fünf erkennen.

Erstens soll Gemeindezucht Sünde *aufdecken*. Wie ein Krebsgeschwür versteckt sich die Sünde gerne. Gemeindezucht deckt den Krebs auf, damit er rasch entfernt werden kann (vgl. 1Kor 5,2).

Zweitens soll Gemeindezucht *warnen*. Eine Gemeinde übt durch ihre Gemeindezucht nicht Gottes Vergeltung aus, sondern inszeniert ein kleines Schauspiel, in dem das kommende Endgericht darstellt wird (V. 5). Gemeindezucht ist eine barmherzige Warnung.

Drittens soll Gemeindezucht *retten*. Eine Gemeinde übt dann Gemeindezucht, wenn sie miterlebt, wie eines ihrer Mitglieder den Weg zum Tode einschlägt und kein Flehen und Zurückwinken diese Person zur Umkehr bewegen kann. Gemeindezucht ist das allerletzte Mittel, um eine Person zur Umkehr zu bewegen (V. 5).

Viertens soll Gemeindezucht *schützen*. So, wie sich Krebs von einer Zelle zur nächsten ausbreitet, breitet sich auch Sünde rasch von einer Person auf die nächste aus (V. 6).

Fünftens soll Gemeindezucht *ein gutes Zeugnis für Jesus abgeben*. So seltsam es auch klingen mag: Gemeindezucht ist gut für die Nichtchristen, weil sie hilft, das attraktive Anderssein von Gottes Volk zu wahren (vgl. V. 1). Gemeinden sollen schließlich Salz und Licht sein. »Wenn aber das Salz fade wird«, sagte Jesus, »taugt es zu nichts mehr, als dass es hinausgeworfen und von den Leuten zertreten wird« (Mt 5,13).

Das Evangelium muss den Rahmen bilden

Dieser letzte Punkt weist uns auf die Notwendigkeit eines größeren theologischen Rahmens hin, innerhalb dessen wir Gemeindezucht handhaben können.

Das Thema Gemeindezucht bringt uns in eine Zwickmühle: Wie gesagt geht es bei Gemeindezucht darum, Sünde zu *korrigieren*. Doch wir sind uns wohl alle einig, dass es im Evangelium um die *Vergebung* von Sünde geht. Wenn Gott Sünde vergibt, weshalb sollten wir uns dann darüber Gedanken machen, Sünde zu korrigieren? Auch Christen sind dazu berufen, anderen zu vergeben. Welchen Sinn könnte es dann haben, die Sünde eines anderen Menschen zu korrigieren?

Ein ausgedünntes Evangelium, das nur von Vergebung und bedingungsloser Liebe spricht, enthält nicht die nötige Substanz, um dieser oberflächlichen Spannung standzuhalten. Als Folge davon wird Sünde toleriert und beginnen Gemeinden, die Welt zu verdüstern.

Doch ein gehaltvolleres Evangelium stellt sich nicht nur der Schuldproblematik der Sünde, sondern auch der Problematik der menschlichen Verdorbenheit mit der Verheißung einer neuen

Schöpfung. Es platziert das Evangelium inmitten der Heilsgeschichte von Gottes Zielen für die Menschheit, die ihn repräsentieren soll.

Gott gab Adam die Aufgabe, durch die Herrschaft über die Schöpfung sein Abbild zu sein, doch Adam versagte. Ebenso versagte das Volk Israel und auch der König Israels, David. Doch dann kam einer, der das vollkommene Abbild Gottes war. Die gute Nachricht des Evangeliums lautet, dass Gott uns einen Weg gebahnt hat, um mit Gott und seiner ursprünglichen Absicht für unser Leben – nämlich, gemeinsam mit Jesus über die ganze Schöpfung zu herrschen – versöhnt und wiederhergestellt zu werden. Er verheißt die Vergebung von Schuld durch das Wirken seines Sohnes ebenso wie ein neues, gehorsames Wesen durch das Wirken seines Geistes. Nur in diesem Rahmen macht Gemeindezucht einen Sinn, wie wir im Folgenden sehen werden.

— 2 —

Ein vom Evangelium bestimmter Rahmen für Gemeindezucht

Angenommen, ein American-Football-Spieler trifft sich mit ein paar Freunden zum herkömmlichen Fußballspielen europäischer Art. Mitten im Spiel schnappt er sich den Ball mit den Händen und läuft damit los. Ohne Zweifel wird der Schiedsrichter abpfeifen. Der Footballspieler schaut den Schiedsrichter ungläubig an. Warum hat er gepfiffen? Warum ist das ein Vergehen? Er hat doch nur das getan, was er immer tut: den Ball schnappen und losrennen.

Man könnte nun dem Footballspieler erklären, dass beim herkömmlichen Fußball außer dem Torwart niemand den Ball in die Hände nehmen darf und dass er jetzt einfach weiterspielen und nicht nochmal denselben Fehler machen soll.

Oder man könnte etwas ausführlicher erläutern, wie Fußballspielen funktioniert. Fußball ist per Definition eine Sportart, die nicht mit den Händen, sondern mit den Füßen gespielt wird. Das Faszinierende am Fußball ist ja gerade die Art und Weise, wie die Spieler geschickt den Ball beherrschen, ohne die Hände zu gebrauchen. Nicht ohne Grund heißt das Spiel überall auf der Welt außer in Amerika »Fußball« (dort heißt es »Soccer«). Der American-Football-Spieler hat nicht einfach nur gegen eine Regel verstoßen, sondern genau die Regel gebrochen, die das Spiel an sich ausmacht.

Ähnlich lässt sich auch Gemeindezucht auf zwei Arten beschreiben. Man kann Gemeindezucht als reine Handlung betrachten, um Sünde zu korrigieren – sozusagen als Schiedsrichterpfiff gegen ein Foul im christlichen Leben. Man kann aber auch versuchen, diesen Schiedsrichterpfiff innerhalb des größeren Rahmens des Evangeliums, der Gemeinde und der Ziele des christlichen Lebens zu begreifen. Die Einordnung der Gemeindezucht in diesen größeren theologischen Rahmen – den ich als »Rahmen des Evangeliums« bezeichne – wird uns helfen, mit dem nötigen Urteilsvermögen zu handeln, das in den vielerlei Spielarten von Sünde in einer Gemeinde unverzichtbar ist.

Eine Lüge ist zum Beispiel ein »Foul«. Heißt das, die ganze Gemeinde muss jedes Mal hinzugezogen werden, wenn eines ihrer Mitglieder lügt? Natürlich nicht. Vieles hängt von den Umständen der Lüge ab: Wie folgenreich ist diese Lüge? Lügt die Person weiterhin beharrlich? Ist das ein festes Verhaltensmuster?

Irgendwo liegt die Grenze zwischen einer Lüge, die im privaten Rahmen geklärt werden kann, und einer Lüge, die öffentlich angesprochen werden muss. Woher wissen wir, wann diese Grenze überschritten ist? Das ist die praktische Herausforderung von Gemeindezucht. Und genau hier ist so viel Weisheit nötig.

Ich behaupte, dass Pastoren besser erkennen und entscheiden können, wo diese Grenze liegt, wenn sie ihr korrigierendes Handeln innerhalb des größeren Rahmens des Evangeliums begreifen. Das Evangelium hilft uns abzuschätzen, wann wir sprechen und wann wir schweigen, handeln oder nicht handeln sollten.

Was ist das Evangelium?

Für die Entwicklung eines Rahmens für Gemeindezucht brauchen wir ein Verständnis von vier Dingen: was das Evangelium ist, was ein Christ ist, was eine Ortsgemeinde ist und was Gemeindemitgliedschaft bedeutet.

Was ist das Evangelium? Im Vorwort habe ich es schon kurz angedeutet. Hier möchte ich nun gerne etwas weiter ausholen. Das Evangelium ist die gute Nachricht am Ende einer langen Geschichte von Menschen, die sich gegen Gott aufgelehnt und sich selbst zu Herrschern über seine Welt gesetzt haben. Gott hat den Menschen nach seinem Bild geschaffen, damit der Mensch Gottes Herrschaft über die Schöpfung und Gottes Wesen repräsentiert. Er hat den Menschen nach seinem Bild geschaffen, damit dieser ihn abbilden kann. Er hat den Menschen dazu berufen, gehorsam zu herrschen, damit er herrschen kann, wie Gott herrscht: mit Güte, Gerechtigkeit, Heiligkeit und Liebe.

Doch der Mensch hat entschieden, weiser als Gott zu sein, und beschlossen, selbst zu herrschen. Der Mensch hat sein eigenes Wesen verdorben und sich damit die Todesstrafe verdient. Die Geschichte Israels ist die Geschichte von Schöpfung und Sündenfall wie sie im Buche steht: Eine Gruppe von Menschen wurde mit allen Vorzügen von Gottes Gesetz und Gegenwart ausgestattet, um ihn dadurch zu repräsentieren, ging aber seine eigenen Wege. Daraufhin schickte Gott das Volk aus seinem Land fort.

Die gute Nachricht am Ende dieser traurigen Geschichte ist die, dass einer von Adams und Israels Söhnen kam und das tat, was weder Adam noch Israel tun konnten: gehorsam zu herrschen und für Gott ein Volk zu gewinnen. Derjenige, der das vollkommene Ebenbild Gottes war, kam als Mensch auf die Erde und richtete ein Königreich auf, indem er Gott dem Vater bis zum Äußersten gehorsam war. Doch er gründete nicht nur ein Königreich, sondern gewann auch ein Volk für dieses Reich, indem er sein Leben als Lösegeld für die Schuld der Sünde gab, anschließend von den Toten auferstand und eine völlig neue Schöpfung einführte.

Kurz gesagt lautet die gute Nachricht, dass Jesus Christus für alle, die auf ihn vertrauen und ihm als Herrn folgen, seine Erlösung und Herrschaft gewonnen hat. Zur Erlösung gehören die Vergebung der Sünden, die Versöhnung mit Gott in Christus, die Versöhnung mit dem Volk Christi und ein neues, vom Heiligen Geist erfülltes Herz, das nun gehorsam herrschen möchte, um Jesus auf der Erde zu repräsentieren.

Was ist ein Christ?

Was ist ein Christ? Es gibt mehrere Möglichkeiten, das zu beschreiben. Zunächst ist ein Christ jemand, der durch den neuen

Bund durch das Blut Christi Vergebung und die Gemeinschaft mit Gott empfangen hat, und jemand, der durch den Heiligen Geist eine neue Natur empfangen hat (vgl. 5Mo 30,6-8; Jer 31; Hes 36,24-27).

Doch einen Christen kennzeichnet noch mehr als ein neuer Stand und eine neue Natur. Ein Christ hat auch eine neue Familie. Er ist nun per Definition Mitglied eines Volkes. Versöhnung mit Christus bedeutet per Definition Versöhnung mit dem Volk Christi (Eph 3,6). Paulus verbindet diese beiden Aussagen im ersten und zweiten Teil von Epheser 2. Zuerst spricht er davon, dass wir aus Gnade gerettet sind (Eph 2,1-10). Dann sagt er, dass die Scheidewand zwischen Juden und Heiden abgebrochen ist, wodurch beide zu einem neuen Menschen vereint wurden (V. 11-22). Wenn wir von einer Mutter und einem Vater adoptiert werden, bekommen wir damit ganz neue Geschwister. So ist es auch, wenn wir Christen werden. Ob es uns bewusst ist oder nicht: Unsere Adoption in Christus ist eine Adoption in eine Familie.

Ein Christ hat also einen neuen Stand, einen neuen Geist, eine neue Familie und nicht zuletzt auch eine neue Aufgabe. Ein Christ ist jemand, der nun Jesus, also Gott, repräsentiert. Genau das ist die Aussage der Taufe und des Abendmahls. Wenn wir getauft werden, identifizieren wir uns damit mit dem Namen des Vaters, des Sohnes und des Heiligen Geistes und ebenso mit dem Tod und der Auferstehung Christi (Mt 28,19; Röm 6,4-5). Wenn wir das Abendmahl empfangen, verkündigen wir damit seinen Tod und unsere Mitgliedschaft in seinem Leib (1Kor 11,26-29; vgl. Mt 26,26-29). Gott möchte, dass seine Leute deutlich erkennbar sind. Er möchte, dass es zwischen seinem Volk und der Welt eine klare Grenze gibt. Er möchte, dass wir heilig sind, weil er heilig ist. Christen repräsentieren ihn jetzt – heute!

Anders gesagt ist ein Christ also jemand, der auf dieser Erde den Namen Gottes trägt, der sein Evangelium verkündigt und der ein Teil seines Volkes ist. Ein Christ ist ganz grundlegend ein Botschafter: jemand, dessen Identität und Handeln eine Einheit bilden. Alles, was ein Botschafter ist, sagt oder tut, repräsentiert seinen König. Im selben Verhältnis stehen Christen zu Christus.

Was ist eine Ortsgemeinde?

Was ist mit der Gemeinde? Was ist sie? Eine Ortsgemeinde ist schließlich mehr als eine bloße Ansammlung von Christen. Zehn Christen, die zusammen im Park sitzen, sind noch keine Gemeinde. Jesus hat den als Ortsgemeinde versammelten Christen eine Autorität verliehen, die einzelne Christen nicht besitzen. Insbesondere hat er den Ortsgemeinden die Autorität übertragen, über die Schlüssel zum Reich Gottes zu wachen, indem sie die Taufe und das Abendmahl spenden, diese aber auch vorenthalten können, wodurch sie das Volk Gottes sichtbar von der Welt unterscheiden.

Das ist das Bild, das wir zuerst in Matthäus 16 und 18 und schließlich auch in Matthäus 28 erhalten. Das Bild, das in der Apostelgeschichte und den Briefen dann quasi zum Film wird. Jesus verleiht der Ortsgemeinde die Autorität, die Schlüssel zum Reich Gottes dazu zu benutzen, eine bekennende Person anzuhören, deren Bekenntnis ebenso wie deren Leben zu überdenken und im Auftrag Gottes ein öffentliches Urteil zu sprechen: Ist dies das richtige Bekenntnis? Ist es ein echtes Bekenntnis? Hierin folgt die Ortsgemeinde dem Beispiel Jesu, der das Bekenntnis des Petrus prüfte, als Petrus bekannte, dass Jesus der Christus ist (Mt 16,16-17). Die Gemeinde führt diese Aufgaben insbesondere durch die Verordnungen aus, die in Matthäus 26 und 28 eingesetzt werden: Abendmahl und Taufe.[4]

Mit anderen Worten: Die Ortsgemeinde besitzt die göttliche Autorität zu verkünden, wer ein Bürger des Reiches Gottes ist und somit Jesu Name auf der Erde repräsentiert. Jesus hat nicht einzelne Personen dazu autorisiert, plötzlich zu beschließen, dass

---

4 Nähere Erläuterungen meiner Auslegung dieser Bibeltexte und der hier gegebenen Definitionen finden sich in Kapitel 3 meines Buches *Church Membership: How the World Knows Who Represents Jesus* (Wheaton, Crossway 2012; als Band dieser 9Marks-Reihe auch auf Deutsch in Vorbereitung) und noch ausführlicher in Kapitel 4 meines Buches *The Church and the Surprising Offense of God's Love: Reintroducing the Doctrines of Membership and Discipline* (Wheaton, Crossway 2010).

sie Christen sind, und daraufhin vor allen Nichtchristen zu verkünden, dass sie Jesus repräsentieren. Zu Pfingsten fragten die Juden Petrus, was sie tun müssten, um gerettet zu werden. Er antwortete: »Tut Buße und jeder von euch lasse sich taufen« (Apg 2,38). Sie brauchten die offizielle Bestätigung durch die Jerusalemer Gemeinde.

Wir sollten bedenken, dass die Vollmacht der Ortsgemeinde bestätigender Natur ist. Eine Gemeinde *macht* niemanden zum Bürger des Reiches Gottes. Doch sie trägt die Verantwortung dafür, zu bestätigen, wer zum Reich Christi gehört und wer nicht. Darin hat eine Gemeinde Ähnlichkeit mit der Botschaft eines Staates. Wenn Ihr Reisepass während einer Auslandsreise abläuft, melden Sie sich bei der Botschaft Ihres Landes, um den Pass verlängern zu lassen. Die Botschaft besitzt eine Autorität über Sie, die sie als einzelner Bürger nicht besitzen.

Natürlich ist die Gemeinde noch mehr als eine Institution mit Autorität im Reich Gottes. Sie ist auch »Leib«, »Familie«, »Herde«, »Tempel«, »eine Säule und Festung der Wahrheit« und noch vieles mehr. Doch wir dürfen die Tatsache nicht übersehen, dass sie eben auch die irdische *Institution* (lat. für »Einsetzung«) ist, die von Jesus *eingesetzt* und mit der Autorität versehen wurde, zu verkünden, wer ihre Bürger und Botschafter sind.

Um die Ortsgemeinde als Institution zu definieren, könnten wir sagen, sie ist eine Gruppe von Christen, die sich regelmäßig im Namen Christi versammelt, um durch die Predigt des Evangeliums und die Verordnungen von Taufe und Abendmahl offiziell die Zugehörigkeit ihrer Mitglieder zu Jesus Christus und seinem Reich zu bestätigen und die Aufsicht darüber zu führen.

In diesem Sinne treten Christen nicht einer Gemeinde bei, wie man einem Verein beitritt, sondern sie ordnen sich einer Gemeinde unter. Die Gemeinde ist ebenso wenig eine absolute Autorität, wie es Eltern für ein Kind sind. Doch Christus möchte, dass sich Christen durch die Bürgerschaft in seinem Reich unter die Aufsicht einer Ortsgemeinde begeben.

Wird die Ortsgemeinde diese Schlüssel völlig fehlerlos handhaben? Nein. Sie wird Fehler machen, wie auch jede andere von

Jesus eingesetzte Autorität Fehler macht. Die Ortsgemeinde ist ein unvollkommenes Abbild der endzeitlichen Sammlung Christi. Doch die Tatsache, dass sie Fehler macht, ebenso wie Präsidenten und Eltern Fehler machen, heißt nicht, dass sie kein autoritatives Mandat hat.

In alledem sollte klar sein, dass es zu den vorrangigen Aufgaben der Gemeinde gehört, den Namen Jesu zu wahren.

Was ist Gemeindemitgliedschaft?

Was also ist demzufolge eine Gemeindemitgliedschaft? Die Mitgliedschaft in einer Gemeinde ist die Erklärung, Bürger im Reich Christi zu sein. Sie entspricht einem Personalausweis, einer offiziellen Verlautbarung aus dem Pressebüro des Reiches Christi. Sie ist die Erklärung, dass die bekennende Person ein offizieller, bestätigter, eingetragener, echter Repräsentant Jesu ist.

Konkreter gesagt ist eine Gemeindemitgliedschaft eine formale Beziehung zwischen einer Ortsgemeinde und einem Christen, die gekennzeichnet ist durch die Bestätigung und Beaufsichtigung des Glaubenslebens eines Christen durch die Gemeinde und die Unterordnung des Christen unter die Gemeinde, indem er sein Glaubensleben unter dem Schirm der Gemeinde lebt.

Beachten wir, welche Elemente hier vorhanden sind:

- Eine Gemeindeinstanz *bestätigt* formal das Bekenntnis einer Person zum Glauben und zur Taufe als glaubwürdig;
- sie verspricht, die *Aufsicht* über das Glaubensleben dieser Person zu führen;
- die Person ordnet sich formal in ihrem Glaubensleben dem Dienst und der Autorität dieser Gemeinde und deren Leitern unter.

Die Gemeinde als Gesamtheit sagt zu der betreffenden Person: »Wir erkennen dein Bekenntnis zum Glauben und zur Taufe und deine Nachfolge Christi als gültig an. Somit *bestätigen* und erkennen wir dich öffentlich vor den Völkern als zu Christus gehörig an und nehmen dich unter die *Aufsicht* unserer Gemeinschaft.« Die Person wiederum sagt im Wesentlichen zur Gemeinde: »Insofern ich euch als treue, das Evangelium verkündigende Gemeinde anerkenne, *ordne* ich meine Anwesenheit und meine Nachfolge eurer Liebe und Aufsicht *unter*.«

Die Maßstäbe für eine Gemeindemitgliedschaft sollten weder höher noch niedriger sein als die Kriterien für das individuelle Christsein – mit einer Ausnahme. Ein Christ ist jemand, der Buße getan hat und zum Glauben gekommen ist, und eine solche Person soll von einer Gemeinde auch als Mitglied bestätigt werden. Die einzige zusätzliche Notwendigkeit ist die Taufe. (Natürlich sollten die Gemeindemitglieder auch die Lehre und den Auftrag ihrer örtlichen Gemeinde bejahen, der sie beitreten.) Gemeindemitglieder müssen getauft sein; diese Regel zieht sich konsequent durch das ganze Neue Testament. Petrus sprach zu der Menge in Jerusalem: »Tut Buße, und jeder von euch lasse sich taufen« (Apg 2,38). Und als Paulus an die Gemeinde in Rom schreibt, geht er stillschweigend davon aus, dass jedermann, der zur römischen Gemeinde gehört, getauft ist (Röm 6,1-3).

Anders gesagt: Bei einer Gemeindemitgliedschaft geht es nicht um »zusätzliche Anforderungen«, sondern darum, dass eine Gemeinde eine besondere Verantwortung für einen Christen übernimmt und ein Christ umgekehrt für die Gemeinde. Es geht darum, unsere Mitgliedschaft am weltweiten Leib Christi »anzuziehen«, zu »verkörpern«, »auszuleben« und zu »konkretisieren«. In gewisser Hinsicht gleicht die Verbindung zwischen der Ortsgemeinde und deren Mitgliedern dem Ja-Wort in einer Trauung, weshalb eine Gemeindemitgliedschaft manchmal auch ein »Bund« genannt wird.

Es ist richtig, dass ein Christ sich selbst eine Gemeinde suchen soll. Das macht die Gemeindesuche aber nicht zu einem freiwilligen Unterfangen. Wer sich für Christus entschieden hat, der hat keine andere Wahl, als sich auch für die Mitgliedschaft in einer Gemeinde zu entscheiden.

Ein umfassenderes Verständnis von Gemeindezucht

Die obigen Aussagen über das Evangelium, den Christen, die Gemeinde und die Gemeindemitgliedschaft liefern den Rahmen, innerhalb dessen Gemeindezucht zu verstehen ist. Diesen Aussagen möchte ich vier Elemente entnehmen, die wichtige Grundvoraussetzungen zum Thema Gemeindezucht darstellen:

1. *Die Erwartung einer Veränderung.* Im Neuen Bund ist uns verheißen, dass Menschen, die zu Christus gehören, durch die Kraft des Heiligen Geistes ein verändertes Leben führen werden. Selbst wenn sich diese Veränderung sehr langsam vollzieht, sollte eine Gemeinde doch irgendeine Veränderung erwarten – die sichtbare Frucht von Gottes Gnade und Geist. Gemeindezucht ist die richtige Reaktion auf einen Mangel an sichtbarer Frucht oder gar auf das Vorhandensein schlechter Frucht.
2. *Repräsentatives Handeln.* Christen sollen gewissermaßen kleine Christusse sein, die Jesus auf der Erde repräsentieren. Das Konzept der Repräsentation basiert auf dem Gedanken, dass Jesus Erlöser und Herr ist, und auf der Tatsache, dass Christen einen neuen Status und eine neue Aufgabe haben. Gemeindezucht ist die richtige Reaktion, wenn Christen darin versagen, Jesus zu repräsentieren, und auch keinen Wunsch danach erkennen lassen.
3. *Die Autorität der Ortsgemeinde.* Jesus hat der Ortsgemeinde die Autorität verliehen, die Bürger seines Reiches offiziell zu bestätigen und zu beaufsichtigen. Eine Gemeinde macht niemanden zu einem Christen; das kann nur der Heilige Geist tun. Doch Gemeinden besitzen die Autorität und Verantwortung, öffentlich vor der Welt zu bekunden, wer Christ ist und wer nicht. Ein Gemeindeausschluss bedeutet also nicht die physische, womöglich gewaltsame Entfernung einer Person aus der öffentlichen Versammlung einer Gemeinde, gleichsam als ob die Gemeinde die staatliche Macht hätte, Menschen physisch von einem Ort zu entfernen. Er besteht viel-

mehr aus der öffentlichen Stellungnahme, dass die Gemeinde nicht länger für das himmlische Bürgerrecht einer Person garantieren kann. Ein Gemeindeausschluss ist die Erklärung einer Gemeinde, dass sie nicht länger bestätigen kann, dass eine bestimmte Person Christ ist.

4. *Mitgliedschaft als Unterordnung.* Als ein Akt des Gehorsams gegenüber Christus sind Christen dazu berufen, sich der Bestätigung und Aufsicht einer Ortsgemeinde unterzuordnen. Bei drohender Gemeindezucht kann ein Gemeindeglied somit nicht durch eigenen Austritt dem Handeln der Gemeinde zuvorkommen. Das wäre, wie wenn eine Person ihre Staatsangehörigkeit aufgeben würde, bevor sie für ein Verbrechen, dessen sie angeklagt ist, vor Gericht gestellt werden könnte.

Durch dieses theologische Raster gewinnen wir ein umfassenderes Verständnis von Gemeindezucht. Es geht nicht einfach nur darum, Sünde zu korrigieren oder gelbe Karten für Fehlverhalten zu verteilen, sondern darum, Sünde zu korrigieren, damit die Gemeindemitglieder tatsächlich Jesus auf die rechte Weise repräsentieren. Sie sollen dazu aufgerufen werden, das zu sein, was sie zu sein behaupten.

Deshalb dreht sich in der Gemeindezucht alles um die Frage, wer auf der Erde berechtigt oder autorisiert ist, den Himmel zu repräsentieren. Wer sich selbst Christ nennt, bekennt damit, dieses Recht zu haben. Wer Gemeindemitglied ist, hat die offizielle Bestätigung dafür. Die Ortsgemeinde, an die Jesus die Schlüsselgewalt dafür verliehen hat, garantiert für die Glaubwürdigkeit eines Bekenntnisses zu Christus durch Taufe und Abendmahl. Gemeindezucht kommt dann ins Spiel, wenn diese Glaubwürdigkeit in Frage gestellt wird. Dahinter steht eine einzige Frage: Glaubt die Gemeinde nach wie vor, dass ein strauchelndes Mitglied wirklich noch Christ ist, und zwar in der Weise, dass sie dies weiterhin öffentlich bejahen möchte?

Kurz gesagt: Bei Gemeindezucht geht es um nichts anderes als um den Ruf Jesu auf der Erde. Die Messlatte hängt in der Tat hoch.

— 3 —

Wann ist Gemeindezucht notwendig?

Ein Jünger Jesu ist jemand, der Jesus Christus nachfolgt. In der Ortsgemeinde gehört zu dieser Jüngerschaft, dass die Gemeindemitglieder einander darin helfen, Jesus nachzufolgen. Dies geschieht durch Lehre und Korrektur. Sie lehren das Gute und korrigieren das Schlechte. Sie ermutigen sich gegenseitig, auf dem rechten Weg zu bleiben, und halten einander vom falschen Weg ab.

In dieser Hinsicht sollte uns das Bedürfnis eines Christen nach Korrektur einleuchten. Zum Christsein gehört ganz grundlegend das Eingeständnis, dass wir begrenzt und gefallen sind. Es kann sein, dass wir Dinge nicht wahrnehmen oder uns selbst betrügen. Deshalb brauchen wir andere Christen, die uns zu erkennen helfen, wenn wir den Weg der Jüngerschaft verlassen haben.

Ich erinnere mich an ein Gespräch mit Jamie, einem Ältesten meiner Gemeinde, über meine Einkommenssteuer. Jamie erwähnte irgendwann etwas über Steuern auf die Mieteinnahmen, die meine Frau und ich von unserem Untermieter in der Einliegerwohnung im Erdgeschoss erhielten. In dem Moment, in dem Jamie »Mieteinnahmen« sagte, durchzuckte mich der Gedanke: »Moment mal, Mieteinnahmen? Ich sollte die wohl versteuern, oder?« Ich hatte der US-Regierung praktisch Steuergelder hinterzogen und war mir dessen nicht bewusst. Ich war vom Weg der Nachfolge abgekommen und hatte darin versagt, Jesus zu repräsentieren, der sagt, dass wir dem Kaiser unsere Steuern zahlen sollen. Als Christ hatte ich also keine andere Wahl, als die Steuererklärung des vergangenen Jahres nochmal hervorzuholen und die zusätzlichen Steuern zu zahlen.

Als Christen, die sich eingestehen, dass sie begrenzt und gefallen sind, können wir auch zugeben, dass es in unserem Leben viele Bereiche geben kann, in denen wir nicht mehr mit Jesus im Einklang sind. Die Lösung hierfür ist, unser Leben anderen Mitgliedern unserer Gemeinde zu öffnen. Diese können uns dabei helfen, Dinge in uns zu sehen, die wir auf Anhieb nicht in uns sehen könnten.

Und genau darum geht es auch in der Gemeindezucht: uns gegenseitig zu helfen, in unserer Christusähnlichkeit zu wachsen, indem wir Sünde korrigieren. Ich weiß nicht, ob Jamie die Absicht hatte, mich einer Form der Gemeindezucht zu unterziehen, aber Gott sei Dank hat er genau das getan.

Wann ist Gemeindezucht notwendig? Ganz allgemein immer dann, wenn ein Christ durch eigene Sünde vom Weg Christi abweicht. Sie ist dann notwendig, wenn sich zwischen dem Bekenntnis und dem Leben eines Christen eine Kluft auftut und der sogenannte Repräsentant Jesu darin versagt, Jesus zu repräsentieren.

Meistens geschieht Gemeindezucht in einem informellen, privaten Rahmen. Ein Bruder oder eine Schwester in Christus sündigt und ein anderer Bruder oder eine andere Schwester spricht die Sache diskret und liebevoll an.

Gelegentlich geschieht der Korrekturprozess auch formal und öffentlich. Das ist dann das, was wir im eigentlichen Sinne als »Gemeindezucht« oder in letzter Konsequenz als »Gemeindeausschluss« bezeichnen.

Formale Gemeindezucht ist die angemessene Vorgehensweise, wenn das Versagen eines Gemeindemitglieds, Jesus zu repräsentieren, so charakteristisch und gewohnheitsmäßig wird, dass die Gemeinde nicht länger davon ausgehen kann, dass diese Person noch Christ ist. Dann muss die Gemeinde ihre Bestätigung des Glaubensbekenntnisses einer Person zurückziehen. Das ist der »Ansatz nach dem evangeliumsgemäßen Rahmen«, worüber wir im vorherigen Kapitel nachgedacht haben. Diesem Ansatz liegen keine Listen von Sünden zugrunde, die eine Gemeindezucht erfordern, sondern allein die Frage, ob eine Gemeinde das

Bekenntnis einer bestimmten Person zum christlichen Glauben weiterhin öffentlich als glaubwürdig bestätigen kann.

Können wir innerhalb dieses Rahmens noch konkretere Aussagen machen, wann Gemeindezucht notwendig ist?

Absehbare und unabsehbare Sünden

Eben habe ich anklingen lassen, dass es eine Grenze zwischen solchen Sünden gibt, die im Privaten angesprochen werden können, und solchen, in die die ganze Gemeinde einbezogen werden sollte. Dazu nun eine ähnliche Beobachtung: Irgendwo gibt es eine Grenze zwischen Sünden, mit denen man bei einem Christen rechnet, und solchen, die uns vermuten lassen, dass jemand kein Christ ist. Informelle, private Zuchtmaßnahmen geschehen natürlich auf beiden Seiten der Grenze. Doch formelle Gemeindezucht oder ein Gemeindeausschluss ist ganz allgemein dann gerechtfertigt, wenn eine Person die Grenze von einem Bereich zum anderen überschreitet: wenn sie also nicht mehr nur Sünden begeht, mit denen wir bei einem Christen rechnen, sondern auch solche, mit denen wir nicht rechnen.

Es gibt zum Beispiel einen Unterschied zwischen einer gewöhnlichen Lüge, für die um Vergebung gebeten wird, und einer Lüge, auf die jemand sein Leben aufbaut und die er sich weigert aufzugeben. Vergleichen wir zum Beispiel die Lügen zweier bekennender Christen. Der erste prahlt mit einem Jobangebot einer renommierten Firma, das er nie bekommen hat. Später bekennt er die Lüge. Der andere baut seine ganze Karriere auf gefälschten Informationen auf. Als er später zur Rede gestellt wird, beharrt er auf seinen Erdichtungen. Die erste Lüge ist eine Art von Sünde, mit der wir – so sehr wir uns auch wünschen, dass es nicht so sei – gelegentlich auch bei Christen rechnen können. Hier taucht im Kopf eines Christen, um mit Paulus zu sprechen, wieder der »alte Mensch« auf und versucht, den »neuen Menschen« zu beherrschen, doch der neue Mensch wehrt sich. Die zweite Lüge ist nichts, was wir von einer Person erwarten, in der der Heilige

Geist wohnt. Hier deutet nichts darauf hin, dass ein Kampf zwischen dem alten und dem neuen Menschen stattfindet. Hier ist nur der alte zu erkennen.

Christen, in denen der Heilige Geist wohnt, können in der Regel nicht lange in bewusster Sünde verharren. Irgendwann wird es ihnen – dank des Heiligen Geistes – so ungemütlich, dass sie schließlich doch das Richtige tun.

Formale Gemeindezucht oder ein Gemeindeausschluss sind angebracht, wenn eine Person ganz offensichtlich fröhlich in offener Sünde verharrt und wenn es keinen Hinweis darauf gibt, dass der Heilige Geist in dieser Person ein Unbehagen erzeugt – abgesehen von dem Unbehagen, erwischt zu werden. Stattdessen ist hier der Gehorsam gegenüber den sündigen Begierden zum Charakterzug geworden.

Jede Sünde ist falsch. Jede Sünde verzerrt das Bild Christi. Doch manche Sünden oder sündige Gewohnheiten werden eine ganze Versammlung von Menschen dazu bewegen, das Vertrauen in das Glaubensbekenntnis eines bekennenden Christen zu verlieren. Ab einem gewissen Punkt verlieren die Worte einer Person ihre Glaubwürdigkeit. Das Gemeindemitglied mag zwar behaupten, dass es ihm »leidtue«, dass es ihm »gut gehe« oder dass sein Ungehorsam »gar nicht *so* schlimm sei«, doch aus irgendeinem Grund kann die Gemeinde diese Aussagen nicht mehr glauben. Der Lebenswandel dahinter steht im Widerspruch dazu. Deshalb widerruft die Gemeinde ihre öffentliche Bestätigung, indem sie dieses Gemeindemitglied vom Tisch des Herrn ausschließt. Sie zieht quasi »seinen Pass« ein und erklärt, dass sie das Bürgerrecht dieser Person im Reich Gottes nicht länger offiziell bestätigen kann.

Pastorale und situationsabhängige Sensibilität

Gemeindezucht in einem solchen Rahmen des Evangeliums – einem Rahmen, der nicht aus einer Liste von Sünden besteht, sondern aus der Frage, ob die Gemeinde das christliche Bekenntnis einer Person weiter bestätigen kann – ruft nach größerer pastoraler und situationsabhängiger Sensibilität. In der Frage, was als Sünde zu bewerten ist, ist immer die Bibel unser Leitfaden, doch in der Entscheidung, welche Sünden Gemeindezucht erfordern – und wenn, in welchem Maß, ist große Sorgfalt durch den Hirtendienst der Gemeinde nötig.

Es kann sein, dass zwei verschiedene Personen dieselbe Sünde begehen, doch eine Fülle verschiedener Umstände beeinflusst die Einschätzung des Pastors und der Gemeinde, was diese Sünde bedeutet. Ein Buchhalter, der Steuern hinterzieht, hat ein größeres Problem als andere Menschen, die dasselbe aus reiner Unwissenheit tun, weil ein Buchhalter genau weiß, was er tut, und weil er es mit voller Absicht tut. Ein unverheiratetes Paar, das zum fünften Mal in Unzucht fällt, verdient wahrscheinlich ein größeres Maß an Gemeindezucht als ein Paar, dem das zum ersten Mal passiert. Und neu bekehrte Christen werden ganz allgemein häufiger über größere Sünden stolpern als langjährige Christen.

So subjektiv das auch klingen mag, unterschiedliche situative Faktoren werden einen Einfluss darauf nehmen, was wir von einem Christen *erwarten*. Und Erwartungen spielen insofern eine Rolle, als sich in unserem Leben das gegenwärtige Zeitalter mit dem kommenden überschneidet. In diesem Zeitalter sind wir, wie Martin Luther sagte, als Christen gleichzeitig Sünder und Gerechte. Wir *erwarten*, dass der neue Mensch mit dem alten ringt, und wir erkennen an, dass in jeder Situation bestimmte Umstände (z. B. wie lange jemand schon Christ ist und wieviel Lehre er erhalten hat) entweder dem neuen oder dem alten Menschen in die Hände spielen. Insofern geht es bei Gemeindezucht nie bloß um die Frage, welche Sünde geschehen ist, als ob wir anhand einer Präzisionswaage entscheiden, ob eine Sünde schwer genug wiegt, um eine Gemeindezucht zu rechtfertigen. Wir sollten uns hier eher eine Balkenwaage vorstellen, in der die Sünde in die eine Waagschale und die Indizien für Buße in die andere gelegt werden – und zwar nicht nur Buße von dieser einen Sünde, sondern eine allgemein bußfertige Haltung im Leben dieser

Person. Wenn wir einen möglichen Fall für Gemeindezucht bewerten, geht es also immer darum, dass wir die Dynamik zwischen der allgemeinen Umkehrbereitschaft dieser Person und der Sünde, die gegen dieses Bekenntnis spricht, bewerten und damit hinterfragen.

In dieser Hinsicht ist Jesu Bedingung aus Matthäus 18 sehr lehrreich: Eine Sache soll unter zwei oder drei Zeugen besprochen werden, bevor sie der ganzen Gemeinde vorgelegt wird (Mt 18,16). Der Text aus 5. Mose 19, den Jesus hier zitiert, zeigt, dass Gott von den Israeliten erwartete, sorgfältig darauf zu achten, dass das Verfahren gegen einen Übeltäter gewissenhaft und fair verläuft. Ebenso verlangt Jesus von den Gemeindeleitern und -mitgliedern, dass jeder Fall sorgfältig beurteilt wird. Sie sollen die Indizien, die verschiedenen Seiten des Falls und mildernde Umstände berücksichtigen. Es soll kein vorschnelles Urteil gefällt werden. Christen sollen langsam, bedächtig und gnädig handeln.

Der Maßstab, an dem die zwei oder drei Zeugen (und schließlich die Gemeinde) die Sünde oder das sündige Verhaltensmuster messen sollen, ist ein einfacher: Weigert sich die Person wiederholt, Buße zu tun, sodass das Glaubensbekenntnis einer Person schließlich unglaubwürdig wird und nicht mehr bestätigt werden kann? Das heißt: Klammert sich diese Person so stark an diese Sünde, dass dies alle anderen Glaubensbeteuerungen überwiegt?

Gleichzeitig sollte noch eine ganze Reihe weiterer situativer Gegebenheiten in die Überlegungen einer Gemeinde einbezogen werden:

- Wie lange ist die Person schon Christ?
- Welche Lehre hat sie erhalten?
- Gibt die Person, die gesündigt hat, zu, dass ihr Handeln falsch war?
- Wirkt sie aufrichtig betrübt über ihre Sünde oder klingt in ihrem Sündenbekenntnis ein missmutiger Ton mit?
- Hat sie ihre Sünde bereitwillig bekannt oder mussten wir ihr die Informationen aus der Nase ziehen?

- Hat sie alle ihre Sünden auf Anhieb genannt oder mussten wir sie scheibchenweise ans Licht holen?
- Hält sie aller Wahrscheinlichkeit nach immer noch Informationen zurück?
- Haben wir es hier mit einem festen Verhaltensmuster bzw. einer charakteristischen Handlung zu tun?
- Bittet die Person um Korrektur?
- Nimmt die Person gerne Rat an, um die Sünde zu bekämpfen, oder lehnt sie dies in der Überzeugung ab, dass sie selbst am besten weiß, wie sie damit umgehen soll?
- Macht die Person den Eindruck, als ob sie in der Diskussion auf unserer Seite steht, oder versucht sie, sich zu verteidigen? Mit anderen Worten: Sagt sie: »Ja, da hast du vollkommen Recht. Das ist furchtbar. Was soll ich nur tun?«, oder sagt sie: »Ja, gut, okay. Mal sehen …«?
- Gibt es in ihrem persönlichen oder familiären Hintergrund Faktoren, die die Sünde nicht minder schlimm, aber doch wahrscheinlicher machen?
- Ist die Person von anderen Leuten, denen sie zu Recht vertraut hat, zu dieser Sünde verführt worden?

Die Beantwortung dieser Fragen muss nicht, aber kann das Urteil einer Gemeinde oder deren Leitung in die eine oder andere Richtung lenken. Die Gesamtheit dieser Faktoren hat oft einen Einfluss darauf, ob wir eine Person trotz sündigen Verhaltens weiterhin als Christ anerkennen.

Öffentlich sichtbar, schwerwiegend und unbußfertig

Jesu Anwendung von 5. Mose 19 und Paulus' Anweisungen an die Korinther, zu »richten« und »Entscheidungen über die Angelegenheiten dieses Lebens zu treffen« (1Kor 5,12; 6,2-5) lehren uns mindestens zwei weitere Dinge.

Erstens *möchte* Jesus, dass Gemeinden auf die eben beschriebene Weise richten, auch wenn er an anderer Stelle ein selbstgerechtes, von persönlichen Rachegedanken geprägtes Richten verbietet (Mt 7,1-2).

Zweitens sind die »Gerichtsverfahren« in einer Gemeinde ebenso wie in einem Gerichtssaal davon abhängig, was Menschen mit ihren Augen sehen oder mit ihren Ohren hören können. Gott hat den Christen keine Röntgenaugen gegeben, mit denen sie in die Herzen sehen könnten. Sondern er hat den Christen – wie allen anderen Menschen auch – Augen, Ohren und Verstand gegeben, mit deren Hilfe sie die Früchte im Leben einzelner Personen erkennen und beurteilen können (1Kor 5,12; vgl. Mt 3,8; 7,16-20; 12,33; 21,43). Nichtchristen gebrauchen sicherlich ihre Augen, Ohren und ihren Verstand, um das Leben der Christen zu beobachten und zu beurteilen, und Christen sollten dasselbe tun. Das ist Bestandteil unserer Aufgabe, den Namen Jesu zu wahren, und gehört ebenso zu unserer Liebe gegenüber dem Sünder, unserem nichtchristlichen Beobachter und der Gemeinde.

Jesus verleiht den Gemeinden die Autorität, auf der Grundlage der *öffentlichen*, äußeren Früchte im Leben eines Menschen *öffentliche* Erklärungen abzugeben.

Mit anderen Worten: Außer dem besagten Kriterium »bei Grenzüberschreitung zwischen absehbaren und unabsehbaren Sünden« haben wir noch ein weiteres Kriterium, um zu beurteilen, welche Sünden Gemeindezucht nach sich ziehen sollten. Es ist hilfreich, eine Art Mindestnorm zu formulieren, auch wenn sie theologisch nicht komplett wasserdicht ist. Formale Gemeindezucht soll bei Sünden geschehen, die *öffentlich sichtbar* und *schwerwiegend* sind und wenn der Sünder *unbußfertig* ist.

Erstens muss eine Sünde also *öffentlich sichtbar* sein. Gemeinden sollen nicht jedes Mal einem Mitglied, wenn sie in seinem Herzen Geldgier oder Stolz vermuten, mit dem Rauswurf aus der Gemeinde drohen. Gemeindezucht muss einen Grund haben, der mit Augen zu sehen oder mit Ohren zu hören ist.

Zweitens muss eine Sünde *schwerwiegend* sein. Eine Gemeinde und deren Leiter sollen nicht jede Sünde bis ins Letzte verfolgen. In der Gemeinde muss auch ein gewisser Raum für die Liebe vorhanden sein, die »eine Menge von Sünden zudeckt«

(1Petr 4,8). Gott sei Dank dafür, dass er uns nicht jedes Mal, wenn wir sündigen, spürbar züchtigt.

Und schließlich muss die Person bezüglich der Sünde bisher *unbußfertig* sein. Sie ist mit Gottes biblischen Geboten konfrontiert worden, weigert sich aber, von der Sünde zu lassen. Allem Anschein nach ist ihr die Sünde wichtiger als Jesus.

Alle diese drei Faktoren sollten mehr oder weniger vorhanden sein, bevor eine Gemeinde in Richtung eines Ausschlusses aktiv wird.

Unterschiedliche Vorgehensweisen bei Jesus und Paulus?

Es gibt noch einen weiteren kniffligen Aspekt in der Frage, *wann* wir Gemeindezucht üben sollen. Und der ist ein Steinchen, das leicht eine ganze Lawine der Verwirrung auslösen kann, wenn wir nicht vorsichtig sind: die Frage, warum Paulus' Ansatz in 1. Korinther 5 augenscheinlich ein ganz anderer ist als der von Jesus in Matthäus 18.

Wir erinnern uns: In 1. Korinther 5 tadelt Paulus eine Gemeinde dafür, dass sie eine Sünde duldet, »die selbst unter den Heiden unerhört ist, dass nämlich einer die Frau seines Vaters hat!« (1Kor 5,1). Er fordert die Gemeinde nicht dazu auf, den Mann zu warnen, damit er möglichst umkehrt. Sondern er sagt ganz einfach, dass sie ihn »hinwegtun« sollen (V. 2). Hier gibt es kein Überprüfen, ob vielleicht doch Bußfertigkeit vorhanden ist. Es gibt kein Gespräch zwischen dem Mann und den Gemeindeleitern. Hier gibt es lediglich die klare Handlungsanweisung: »Tut den Bösen aus eurer Mitte fort!« (V. 13). Jesus dagegen weist die Gemeinden an, auf dem Weg zum Gemeindeausschluss mehrere Warnungen zu geben, von denen jede einen Ausweg aus dem Prozess bietet.

Hier stehen wir in der Versuchung, die unterschiedlichen Ansätze dadurch zu erklären, dass Jesus und Paulus an unterschiedliche Arten der Sünde gedacht haben, was bedeuten würde, dass wir je nach Art der betreffenden Sünde den einen oder anderen Vorgang wählen sollten. Jesus nimmt als Beispiel eine gewöhnliche zwischenmenschliche Sünde, während Paulus von einer schwerwiegenden Sünde spricht. Somit sollten wir also bei kleineren Dingen ersteres und bei schwereren Fällen letzteres Vorgehen wählen.

Im 18. und 19. Jahrhundert neigten die Ausleger zum Thema Gemeindezucht manchmal in diese Richtung. Sie beobachteten zwei Dinge in der Episode in 1. Korinther 5: Erstens war die betreffende Sünde ein öffentlicher Skandal (»selbst unter den Heiden unerhört«) und zweitens deutet Paulus' Aufforderung zu sofortigem Gemeindeausschluss ohne jede Warnung darauf hin, dass es ihm aufgrund des skandalösen Wesens der Sünde zunächst nicht darum ging, ob der Mann bußfertig war. Das Ansehen Jesu hatte größere Bedeutung, weshalb die Gemeinde zum Handeln gezwungen war, um das Ansehen Christi zu wahren, auch wenn der Sünder zur Umkehr bereit gewesen sein sollte.

Ich teile auf jeden Fall das Anliegen, den Ruf Christi zu wahren, wie aus meinem gesamten Rahmen für Gemeindezucht inzwischen deutlich geworden sein sollte. Doch aus einigen Gründen finde ich diese historische Erklärung nicht überzeugend. Zunächst macht sie die Entscheidung über einen Gemeindeausschluss abhängig von den Normen dieser Welt, die weder heilig noch unveränderlich sind. Was in der einen Gesellschaft ein Skandal ist, ist in der anderen eine besondere Auszeichnung (man denke nur an Abtreibung oder Homosexualität). Auch würde der Ausschluss von Menschen, die eine Gemeinde für umkehrbereit hält, bedeuten, dass man Christen dem Reich des Satans überantwortet. Wäre das nicht den Christen gegenüber ungerecht und der Welt gegenüber unehrlich? Gemeinden sollen keine Menschen ausschließen, die sie für Christen halten. Das wäre im Grunde Gesetzlichkeit, denn es würde die Kriterien für eine Gemeindemitgliedschaft von »Buße und Glaube« erweitern zu »Buße, Glaube und nie die Sünde XY begehen«.

Paulus' Ansatz im 1. Korintherbrief eröffnet uns auf jeden Fall einen Weg, der in Matthäus 18 in dieser Form nicht zu erkennen ist – den Weg des unmittelbaren Gemeindeausschlusses. Und das ist in der Tat ein Weg, den wir bei den »wirklich schweren« Sünden am häufigsten gehen werden. Doch wir müssen dabei bedenken, dass es nicht ausschließlich um die Schwere einer Sünde geht. Erinnern wir uns: In der Entscheidungsfindung bezüglich eines Gemeindeausschlusses geht es immer darum, die Dynamik zwischen der eigentlichen Sünde und der allgemeinen Umkehrbereitschaft der Person zu prüfen. Wir brauchen für die Sünde keine Präzisionswaage, sondern eine Balkenwaage, um sie gegen die Umkehrbereitschaft aufzuwiegen. Es sündigen schließlich auch bußfertige Christen. Die Frage lautet stets: Warum sollte diese Sünde schwerer wiegen als die Umkehrbereitschaft der betreffenden Person, allgemein und in diesem besonderen Fall? Bei der Beantwortung dieser Frage müssen wir stets mit pastoraler und situationsbezogener Sensibilität beide Waagschalen in Betracht ziehen.

Was sind aber nun die Kriterien für sofortigen Gemeindeausschluss? Hinweise dafür finden sich in einer genaueren Lektüre von 1. Korinther 5 und 6, insbesondere diesen Stellen:

> 1Kor 5,1-2: »Überhaupt hört man von Unzucht unter euch, und zwar von einer solchen Unzucht, die selbst unter den Heiden unerhört ist, dass nämlich einer die Frau seines Vaters hat! Und ihr seid aufgebläht und hättet doch eher Leid tragen sollen …«

> 1Kor 5,4-5: Ihr sollt »den Betreffenden im Namen unseres Herrn Jesus Christus … dem Satan … übergeben zum Verderben des Fleisches …«

> 1Kor 5,9-11: »Ich habe euch in dem Brief geschrieben, dass ihr keinen Umgang mit Unzüchtigen haben sollt; und zwar nicht mit den Unzüchtigen dieser Welt überhaupt, oder den Habsüchtigen oder Räubern oder Götzendienern; sonst müsstet ihr ja aus der Welt hinausgehen. Jetzt aber habe ich euch geschrieben, dass ihr keinen Umgang haben sollt mit jemand, der sich Bruder nennen lässt und dabei ein Unzüchtiger oder

> Habsüchtiger oder Götzendiener oder Lästerer oder Trunkenbold oder Räuber ist; mit einem solchen sollt ihr nicht einmal essen.«
>
> 1Kor 5,12: »Habt ihr nicht die zu richten, welche drinnen [d.h. in der Gemeinde] sind?«
>
> 1Kor 5,13: »So tut den Bösen aus eurer Mitte hinweg!«
>
> 1Kor 6,9-11: »Wisst ihr denn nicht, dass Ungerechte das Reich Gottes nicht erben werden? Irrt euch nicht: Weder Unzüchtige noch Götzendiener, weder Ehebrecher noch Weichlinge, noch Knabenschänder, weder Diebe noch Habsüchtige, noch Trunkenbolde, noch Lästerer, noch Räuber werden das Reich Gottes erben. Und solche sind etliche von euch gewesen; aber ihr seid abgewaschen, ihr seid geheiligt, ihr seid gerechtfertigt worden in dem Namen des Herrn Jesus und in dem Geist unseres Gottes.«

Die Sünde des Mannes in 1. Korinther 5,1 mag tatsächlich ein »öffentlicher Skandal« und »extrem schlimm« gewesen sein, aber darum geht es hier nicht. Vielmehr präsentiert Paulus in diesen Texten zwei Kategorien von Menschen: solche, die charakterlich bußfertig sind, und solche, die es nicht sind. Die charakterlich Bußfertigen gehören in die Gemeinde, die Unbußfertigen nicht, weil sie das Reich Gottes nicht erben werden.

Das ist vielleicht leichter zu erkennen, wenn wir uns in umgekehrter Richtung durch die oben angeführten Verse arbeiten. In 6,9-11 werden die beiden Kategorien deutlich: Da gibt es die »Ungerechten«, die das Reich Gottes nicht erben werden, und es gibt die Gemeinde, die aus Menschen besteht, die Veränderung erfahren haben: »Und solche sind etliche von euch gewesen.« Aufseiten der Ungerechten beschreibt Paulus nicht bestimmte Sünden, sondern Menschentypen, die durch diese Sünden *definiert* werden. Er gebraucht keine Adjektive, sondern Nomen: »Unzüchtige«, »Habsüchtige«, »Götzendiener«, »Lästerer«, »Trunkenbolde«,

»Räuber« (1Kor 6,9-11). Diese Sünden *charakterisieren* diese Menschen. Das *sind* sie. Dieselbe Charakterisierung findet sich auch im letzten Satz von Kapitel 5: »So tut den Bösen aus eurer Mitte hinweg!« Der Mann ist ein »Böser«. Eine solche Person, so sagt der Vers direkt davor, gehört nicht zur Gemeinde (1Kor 5,12).

Leicht zu erkennen ist, dass Paulus die Listen in Kapitel 5 und 6 insofern verbinden möchte, als er darin dieselben Arten von Sündern nennt: Unzüchtige, Habsüchtige, Götzendiener, Lästerer, Trunkenbolde, Räuber (1Kor 5,9-11). (Wir sollten übrigens nicht meinen, diese Liste sei vollständig. In Kapitel 6 kommen ja noch einige weitere Kategorien dazu. Die hier genannten sind eher als Beispiele zu betrachten.) Auch hier soll die Gemeinde mit keinen Menschen Gemeinschaft pflegen, die charakterlich unbußfertig sind: »Ich habe euch in dem Brief geschrieben, dass ihr keinen Umgang mit Unzüchtigen haben sollt« (1Kor 5,9).

Genau das ist der Mann in Kapitel 5: charakterlich unbußfertig. Er muss zum Verderben des Fleisches dem Satan übergeben werden, weil in seinem Leben noch das Fleisch die Oberhand hat (1Kor 5,5). Die Gemeinde hat sein Handeln nicht verurteilt, sondern gutgeheißen (1Kor 5,2). Doch er lebt auf jeden Fall in sexueller Unreinheit (1Kor 5,1).

Kurz gesagt: Paulus möchte, dass dieser Mensch ausgeschlossen wird, weil er *charakterlich unbußfertig* ist. Die gegenwärtigen Anzeichen deuten darauf hin, dass er das Reich Gottes nicht erben wird, folglich muss die Gemeinde ihn nun ausschließen, damit seine Seele gewarnt und gerettet werden kann. Hatte Paulus noch mehr Informationen über diesen Typ als wir? Vielleicht. Es ist nicht ganz klar, *wie* Paulus hier seine Schlüsse über diesen Menschen zieht, auf jeden Fall aber lautet sein Fazit: Dieser Mann ist kein Christ. Er ist »böse« (1Kor 5,13). Er gehört zur Kategorie der »Ungerechten« (1Kor 6,9).

An diesem Punkt sollten die Unterschiede zwischen Jesu Ansatz in Matthäus 18 und Paulus in 1 Korinther 5 verständlicher werden. Paulus' Aussagen über den Mann *beginnen* in etwa da, wo Jesu Handlungsanweisungen enden. Paulus beginnt mit einem Fall von hartnäckiger Unbußfertigkeit. Jesu Handlungsanweisungen dienen der Prüfung, ob eine Person hartnäckig unbußfertig bleibt – also der Feststellung dessen, was bei Paulus bereits vorausgesetzt wird.

Ein weiterer Unterschied zwischen den beiden Texten liegt darin, inwieweit die Informationen bekannt sind und übereinstimmen. In Matthäus 18 vermutet eine Person eine Sünde, braucht aber noch zwei oder drei weitere Zeugen, die ihr zustimmen. Danach muss ihr noch die ganze Gemeinde zustimmen. In 1. Korinther 5 weiß dagegen schon die ganze Gemeinde Bescheid. Auch hier beginnt alles ungefähr da, wo Matthäus 18 endet.

Es ist also nicht so, dass Gemeinden einfach »weniger schlimme« Sünden nach dem Modell aus Matthäus 18 und die »wirklich schlimmen« Sünden nach dem aus 1. Korinther 5 behandeln sollen. Vielmehr müssen Gemeinden immer die beiden Waagschalen der Sünde und der Umkehrbereitschaft in Betracht ziehen. Auch wenn eine bestimmte Sünde sehr groß erscheint, muss die Gemeinde dennoch überzeugt davon sein, dass die betreffende Person charakterlich unbußfertig ist. Diese Überzeugung besitzt eine Gemeinde nicht unbedingt in dem Moment, in dem eine Sünde ans Licht kommt. Die Gemeindemitglieder können nach wie vor Gesprächsbedarf haben oder eine Frage oder Warnung aussprechen wollen.

Man kann sich leicht Situationen vorstellen, in denen sich ein Gemeindemitglied einer der Sünden aus 1. Korinther 5 und 6 schuldig gemacht hat, aber in denen die Gemeinde zurecht beschließt, nach Matthäus 18 zu verfahren. Stellen Sie sich zum Beispiel vor, jemand aus Ihrer Gemeinde hat sich einmal oder sogar mehrmals der Trunkenheit oder diversen Formen der sexuellen Unmoral schuldig gemacht. Ich glaube, dass es hier in manchen Fällen die Möglichkeit einer Reihe von Warnungen wie in Matthäus 18 gibt, bevor ein Gemeindeausschluss erfolgt.

Was ist nun aber mit Paulus' Beobachtung, dass die Sünde dieses Mannes »selbst unter den Heiden unerhört« sei? Zweifellos ist die Sünde dieses Mannes gesellschaftlich anstößig, doch für mich klingen Paulus' Worte eher nach einer nachdrücklichen Ohrfeige, um die Korinther aufzuwecken. Sie sehen etwas nicht, was sie eigentlich deutlich sehen sollten. Paulus' Worte klingen hier nicht nach einem Theologen, der versucht, eine ganz neue Sündenkategorie zu definieren, die alle Regeln der Gemeindemitgliedschaft und des Gemeindeausschlusses neu schreibt. Sonst hätte er wohl mehr als nur einen Nebensatz dazu geschrieben.

Unzureichende Schuldbekenntnisse

Der Text in 1. Korinther 5 lässt auch noch eine weitere Sichtweise zu. Ohne Zweifel gibt es Sünden, die so bewusst begangen werden (wie z. B. anhaltender Missbrauch oder Mord) oder so abstoßend sind (wie z. B. sexuelle Gewalt oder Erpressung), dass alle raschen Worte der Entschuldigung unglaubwürdig wären. Nicht etwa, dass solche Sünden nicht auch vergeben werden könnten oder dass die betreffende Person nicht sofort bußfertig sein könnte. Doch hier muss einige Zeit vergehen und sich erst die Frucht der Umkehr zeigen, bevor eine Gemeinde in verantwortlicher Weise Vergebung aussprechen kann (vgl. das Beispiel in Apg 8,17-24). Eine Gemeinde kann es nicht verantworten, den Worten eines Mitglieds zu glauben, das bewusst in gewohnheitsmäßiger Sünde gelebt hat. Das Wesen mancher Sünden nimmt einer Gemeinde quasi die Fähigkeit, weiterhin die grundsätzliche Bußfertigkeit eines Menschen zu bestätigen. Die Gemeinde hat dann keine andere Wahl, als ihre Bestätigung vorläufig zurückzuziehen. Diese Sünde drückt die Waagschale auf der Sündenseite stark nach unten, und die andere Seite mit den Bußfertigkeits-Indizien schnellt nach oben. Alle positiven Indizien werden sofort wirkungslos, weil die Sünde so niederträchtig ist.

Es gibt Sünden, mit denen wir wirklich *nicht rechnen* würden, dass ein Christ sie begehen könnte. Und wer sie begeht, ist wahrscheinlich kein Christ – zumindest sollte ihn die Gemeinde so behandeln, bis er das Vertrauen der Gemeinde wiedergewonnen hat. Möglicherweise hat Paulus den Mann, der mit der Frau seines Vaters geschlafen hatte, so gesehen.

Ein junger Mann, mit dem ich vor einigen Jahren zu tun hatte, wurde letztes Jahr, so wurde mir berichtet, für ein sehr übles Verbrechen zu einer Haftstrafe verurteilt. Er hatte es damit sogar bis in die Lokalpresse gebracht. Diese kriminelle Aktivität hatte er über ein Jahr lang heimlich betrieben, während er gleichzeitig in seiner Gemeinde mitarbeitete. Als die Gemeinde durch die Verhaftung dieses Mannes von der Sünde erfuhr, schloss sie ihn sofort aus. Der Mann weinte und beteuerte sein Bedauern, doch weil er ein so groteskes Doppelleben geführt hatte, konnte die Gemeinde seinem Reden von Umkehr zumindest bis auf Weiteres nicht glauben. Sie beschloss, seine Umkehrbereitschaft nicht *vor* dem Ausschluss, sondern erst *danach* zu prüfen. Ich denke, die Gemeinde hat damit genau richtig gehandelt. Das Verbrechen des Mannes war sowohl eine Gefahr für die anderen Gemeindemitglieder als auch eine Beeinträchtigung für das Zeugnis Christi in der Welt, was die Angelegenheit noch dringlicher machte. Es war richtig von der Gemeinde, ihn rasch auszuschließen, denn »Ungerechte werden das Reich Gottes nicht erben« (1Kor 6,9).

Letztendlich glaube ich, dass die parallele Lektüre von Matthäus 18 und 1. Korinther 5 darauf hinausläuft, dass eine Gemeinde zu einer von drei Schlussfolgerungen gelangen muss, bevor sie konkret zum Ausschluss schreiten kann:

- Wenn eine Gemeinde zu der Überzeugung gelangt, dass eine Person aufrichtig zur Umkehr bereit ist, soll sie auf jede Form der Gemeindezucht verzichten (und hier fällt mir keine einzige Ausnahme von der Regel ein).
- Wenn eine Gemeinde zu der Überzeugung gelangt, dass eine Person charakterlich (also nicht nur vorübergehend) nicht bußfertig ist, soll sie diese von der Gemeinde ausschließen.
- Wenn eine Sünde so bewusst und schwerwiegend ist und so sehr auf ein Doppelleben des Betreffenden hinweist, dass es einer Gemeinde nicht möglich ist, einem Bekenntnis zur Buße Glauben zu schenken – zumindest, bis eine Weile vergangen ist und das Vertrauen wiedergewonnen wurde – dann

sollte sie einen Gemeindeausschluss anstreben und erst anschließend die Umkehrbereitschaft prüfen.

Reinheit oder Armut im Geist

Wenn Gemeindezucht das Mittel der Wahl ist, wann immer ein Repräsentant Jesu darin versagt, Jesus zu repräsentieren – sollen Gemeinden dann moralische Vollkommenheit erwarten?

In gewisser Hinsicht ist genau das die Norm, die Jesus verkündet. In Matthäus 5 sagt er, dass die Gerechtigkeit eines Christen die der Pharisäer und Schriftgelehrten übertreffen soll. Sonst wird der Christ nicht ins Reich Gottes eingehen (Mt 5,20). Später im selben Kapitel sagt er, dass ein Christ vollkommen sein soll, wie auch unser himmlischer Vater vollkommen ist (Mt 5,48). Gemeinden sollen also durchaus danach streben, Jesu Vollkommenheit zu repräsentieren!

Doch Jesus war auch durch und durch realistisch und verständnisvoll. Deshalb beginnt Matthäus 5 mit den vielzitierten Seligpreisungen:

> Glückselig sind die geistlich Armen, denn ihrer ist das Reich der Himmel! Glückselig sind die Trauernden, denn sie sollen getröstet werden! Glückselig sind die Sanftmütigen, denn sie werden das Land erben! Glückselig sind, die nach der Gerechtigkeit hungern und dürsten, denn sie sollen satt werden!
>
> Glückselig sind die Barmherzigen, denn sie werden Barmherzigkeit erlangen! Glückselig sind, die reinen Herzens sind, denn sie werden Gott schauen! Glückselig sind die Friedfertigen, denn sie werden Söhne Gottes heißen! Glückselig sind, die um der Gerechtigkeit willen verfolgt werden, denn ihrer ist das Reich der Himmel! (Mt 5,3-10)

Wer repräsentiert hier auf der Erde das Reich Gottes? Wer wird Gott schauen und ein Sohn Gottes genannt werden? Einerseits sind das diejenigen, die so aussehen und handeln wie ihr himmlischer Vater, so wie es Söhne für gewöhnlich tun. Gott der Vater und Gott der Sohn sind barmherzig, reinen Herzens und friedfertig. Und Gott der Sohn wurde sicherlich um der Gerechtigkeit willen verfolgt. So sollte auch die Gemeinde danach streben, die Söhne zu bestätigen, die all das sind.

Doch in einer gefallenen Welt sind die Söhne Gottes auch diejenigen, die ihre geistliche Armut erkennen, die ihre Sünde betrauern, die mit Sanftmut auf ihre Ansprüche verzichten und die nach Gerechtigkeit hungern und dürsten, weil sie wissen, dass sie ihnen fehlt. Eine Gemeinde sollte deshalb nicht überrascht sein, wann immer eines ihrer Mitglieder, das Jesus repräsentiert, sündigt, doch sie sollte sich sehr dafür interessieren, wie ihre Mitglieder auf solche Sünden reagieren. Trauern sie? Hungern und dürsten sie nach Gerechtigkeit?

Anders ausgedrückt werden wahre Repräsentanten Jesu diese zwei Eigenschaften haben: Sie werden zunehmend reiner *und* zunehmend arm im Geist inmitten der verbleibenden Unreinheit (vgl. auch 2Kor 7,11). In ihrer Funktion als Hüter der Schlüssel zum Reich Gottes muss eine Gemeinde nach beidem Ausschau halten.

Einmal fragte ich einen meiner ehemaligen Pastoren um Rat, wie ich mit einem Freund umgehen solle, der gerade auf dem besten Weg war, eine Affäre zu beginnen – was er Gott sei Dank schließlich abbrach, bevor die Sache verwirklicht wurde. Mein Pastor gab mir den Rat: »Es ist nicht weiter verwunderlich, dass dieser Mann die Versuchung zu dieser Sünde verspürt. Die eigentliche Frage lautet: Wie wird er auf deine Zurechtweisung reagieren? Seine Reaktion auf Korrektur wird offenbaren, woran sein Herz in Wirklichkeit hängt.«

— 4 —

Wie wird Gemeindezucht praktiziert?

Formale öffentliche Gemeindezucht funktioniert am besten in einer Gemeindekultur, in der informelle private Gemeindezucht willkommen ist und auch geschieht. Wenn Sie die dicke Moralkeule der Gemeindezucht schwingen, bevor den Mitgliedern klar ist, dass sie es grundsätzlich alle nötig haben, einander Rechenschaft zu geben, dann können Sie mit heftigem Widerstand rechnen.

Gegenseitige Rechenschaft innerhalb einer Gemeinde ist durch das Evangelium begründet, und diese Rechenschaft sollte letztendlich auch das gesamte private und öffentliche Leben einer Gemeinde durchziehen. Doch wenn Menschen es nicht gewohnt sind, für ihre Sünden zur Rechenschaft gezogen zu werden, ist es sicher einfacher, zunächst mit der privaten Rechenschaft zu beginnen als mit der öffentlichen.

Öffentliche Rechenschaft sollte eine Fortsetzung dessen sein, was im privaten Leben der Gemeindemitglieder bereits stattfindet.

Ein befreundeter Pastor versuchte einmal seine Mitältesten davon zu überzeugen, einen Fall von Gemeindezucht vor die Gemeinde zu bringen: Ein Mann hatte seine Frau verlassen. Doch die Ältesten waren sich darüber unsicher, ob die Gemeinde bereit war, jemanden auszuschließen, und gingen sehr langsam vor – vielleicht zu langsam. Als sie dann schließlich zum Gemeindeausschluss aufriefen, reagierte die Gemeinde im Wesentlichen mit den Worten: »Das wird ja auch mal Zeit. Wir wussten ja, dass wir in solchen Fällen etwas tun müssen.« Mit anderen Worten: Die Ältesten hatten in dieser Gemeinde zuvor gute Arbeit darin geleistet, die richtige Kultur für Gemeindezucht zu bilden.

Formale Gemeindezucht funktioniert am besten, wenn die Mitglieder bereits wissen, wie sie liebevoll Korrektur geben und empfangen: zu Hause, beim Mittagessen, sachte, vorsichtig und immer das Beste für den Anderen im Blick habend. Sie äußern korrektive Worte nicht selbstsüchtig – etwa nur, um »etwas loszuwerden«.

Auf Grundlage dessen, was wir im Neuen Testament lesen, nenne ich nun fünf weitere Prinzipien dafür, wie Gemeindezucht ablaufen sollte.

Möglichst wenige Menschen am Prozess beteiligen

Ein klares Prinzip, das sich aus Matthäus 18,15-20 ergibt, ist: Jesus möchte, dass an dem Prozess der Korrektur einer Sünde nur so viele Menschen beteiligt werden sollen, wie zum Hervorbringen von Umkehrbereitschaft unbedingt nötig sind. Wenn ein Gespräch unter vier Augen schon zur Buße führt, ist es gut. Wenn noch zwei oder drei weitere nötig sind, dann sollte man es auch dabei belassen. Eine Sache sollte erst dann vor die gesamte Gemeinde gebracht werden, wenn alle anderen Mittel erschöpft sind.

In dem Prozess in Matthäus 18 wird natürlich vorausgesetzt, dass die fragliche Sünde noch keinem größeren Kreis bekannt ist. Bei Sünden, die bereits von öffentlicher Natur sind – wie in 1. Korinther 5 – kann es erforderlich sein, dass die Gemeindeleiter ein Wort an die gesamte Gemeinde richten. Eine ähnliche Situation begegnet uns in Philipper 4, wo Paulus Evodia und Syntyche eindringlich vor der gesamten Gemeinde bittet, sich miteinander zu versöhnen (Phil 4,2-3). Höchstwahrscheinlich wusste die Gemeinde bereits von deren Zwist.

Manchmal hat eine Sünde öffentliche Folgen, die auch öffentlich angesprochen werden müssen, selbst wenn sich die betreffende Person privat als bußfertig erweist. Das könnte zum Beispiel der Fall sein, wenn eine Frau ein uneheliches Kind erwartet. Hier könnten die Gemeindeleiter zu dem Schluss kommen, dass sie und ihr Partner (falls er zur Gemeinde gehört) aufrichtig zur Umkehr bereit sind, und keine formale Gemeindezucht einleiten. Sie könnten aber dennoch das Thema in aller Sorgfalt in der Gemeinde ansprechen, damit sie erstens trotz des Beispiels dieses Paares weiterhin positiv die christliche Haltung zur Sexualität lehren und zweitens in der Buße des Paares Gottes Gnade bezeugen und gleichzeitig die Gemeinde dazu aufrufen können, das Paar und deren Kind anzunehmen und ihnen zu dienen. Ob es uns gefällt oder nicht: Wenn Gemeindeleiter sich zu einer solchen Situation nicht äußern, vermittelt das der Gemeinde, dass Sünde keine große Sache sei, und es fördert Spekulationen und Tratsch über das Paar. Ein Schweigen an dieser Stelle kann sogar Misstrauen und Uneinigkeit erzeugen.

Es gibt zwei zusammenhänge Prioritäten, die dem Prinzip zugrunde liegen, den Prozess der Gemeindezucht so eng wie möglich zu halten: der Wunsch nach Umkehr des Sünders und der Wunsch, den Namen Jesu zu wahren.

Die Gemeindeleiter sollen den Prozess leiten

Sünde ist trügerisch und komplex. Deshalb schreibt Paulus nicht ohne Grund: »Brüder, wenn auch ein Mensch von einer Übertretung übereilt würde, so helft ihr, die ihr geistlich seid, einem solchen im Geist der Sanftmut wieder zurecht; und gib dabei acht auf dich selbst, dass du nicht auch versucht wirst!« (Gal 6,1). Paulus weiß, dass die jüngeren Schafe leicht in die Irre geführt werden und in die Versuchung geraten können, sich entweder dem Sünder in seiner Sünde anzuschließen oder zumindest die Argumente des Sünders zu übernehmen, weshalb die Sünde in Ordnung sei. Deshalb bittet Paulus die »Geistlichen«, die Rettungsaktion zu leiten.

Wenn Paulus von denen schreibt, die »geistlich« sind, meint er damit nicht unbedingt die Ältesten der Gemeinde, denn dann hätte er »Älteste« geschrieben. Hier legt er nahe, dass Gemeindemitglieder gut daran tun, ältere und weisere Glaubensgeschwister hinzuzuziehen, wenn eine erste Begegnung unter vier Augen ergebnislos geblieben ist. Allgemein werden es vermutlich die Gemeindeältesten sein, die um Rat gefragt und schließlich gebeten werden, den Prozess der Gemeindezucht zu leiten – insbesondere, wenn der Prozess immer größere Kreise zieht.

In Anbetracht dessen, dass Gott den Ältesten die Aufsicht über die gesamte Gemeinde übertragen hat, würde ich zweifellos empfehlen, dass jede Sünde, die vor die gesamte Gemeinde gebracht wird, zuerst den Ältesten vorgelegt wird.

Die Dauer des Prozesses hängt davon ab, wann eine charakterliche Unbußfertigkeit festgestellt ist

Zu den schwierigeren Fragen im Umgang mit Gemeindezucht gehört sicher das Bestimmen des richtigen Zeitpunkts, um zur nächsten Phase überzugehen. Manchmal wird der Prozess der Gemeindezucht in der Bibel als ein langsamer Vorgang beschrieben. In Matthäus 18 werden mindestens drei Warnungen vorausgesetzt, bevor eine Person ausgeschlossen wird. Manchmal wird er als ein rasches Vorgehen dargestellt: In 1. Korinther 5 fordert Paulus den sofortigen Ausschluss. Und dann gibt es noch Titus 3,10, wo offenbar eine Zwischenposition vertreten wird: Hier sollen es zwei Warnungen bis zum Gemeindeausschluss sein.

Wie schon in Kapitel 3 gesagt, liegt der wesentliche Unterschied zwischen Matthäus 18 und 1. Korinther 5 darin, dass hier zwei unterschiedliche Phasen im Gemeindeausschlussprozess dargestellt werden. 1. Korinther 5 setzt da an, wo Matthäus 18 endet: bei der Feststellung einer charakterlichen Unbußfertigkeit bezüglich einer Sünde oder eines sündhaften Verhaltensmusters, die bzw. das in der ganzen Gemeinde bekannt ist. Wenn eine Gemeinde zu dem Schluss kommt, dass eine Person charakterlich unbußfertig ist, sollte daraus ein Gemeindeausschluss folgen.

Theoretisch ist es also ziemlich einfach zu sagen, wie lange der Prozess der Gemeindezucht dauern sollte: nämlich so lange, wie die Gemeinde braucht, um zu dem Schluss zu kommen, dass die betreffende Person charakterlich unbußfertig ist. Es kann sein, dass sich die Gemeindemitglieder die Indizien ansehen und daraus auf Anhieb ihre Schlüsse ziehen. Es kann aber auch sein, dass sie monatelang den Hinweisen nachgehen und unzählige Gespräche führen, um zu einer klaren Überzeugung und Übereinstimmung untereinander zu gelangen. Die Frage nach der Dauer des Prozesses ist nicht aus theoretischen, sondern aus lebenspraktischen Gründen schwierig. Wir können Menschen nicht ins Herz sehen und wir spüren die Last darin, extrem vorsichtig zu sein, wenn wir aufgefordert werden, die Früchte eines Menschen zu beurteilen und einen so bedeutenden Beschluss darüber zu fassen, ob die Gemeinde weiterhin bestätigen kann, dass eine bestimmte Person zum Reich Gottes gehört.

Ironischerweise ist der Prozess bei mittelschweren Sünden eher langsamer, weil diese nicht so viel Last auf die Waagschale mit der Umkehrbereitschaft legen. Nehmen wir zum Beispiel Drogensucht. Diese Sünde macht nicht sofort das Bekenntnis einer Person zum Glauben hinfällig. Sie wirft aber Fragen auf und bringt eine Gemeinde in die Situation, langsam und gründlich nach Anzeichen der Bußfertigkeit zu suchen. Dies ist eine weitere Lektion, die wir aus der Bewegung in konzentrischen Kreisen lernen, die Jesus in Matthäus 18 lehrt. Bei jedem Schritt wird die Anzahl der Beteiligten größer und wird der Sünder erneut mit der Frage konfrontiert: »Bist du *sicher*, dass du weiterhin an dieser Sünde festhalten willst?« Menschen können sich manchmal selbst darin betrügen zu glauben, sowohl Jesus als auch ihre Lieblingssünde haben können. Da sind mehrere Runden von sich ausweitenden Konfrontationen nötig, damit sie merken: »Nein, das geht nicht. Es geht nur das eine oder das andere.«

Ein paar Verse vor seiner Lehre über Gemeindezucht gibt Jesus uns in Matthäus 18 eine Hilfe in der Frage, ob eine Person charakterlich bußfertig ist: Wäre die Person eher dazu bereit, sich eine Hand abzuhauen oder ein Auge auszureißen, als die Sünde zu wiederholen (Mt 18,8-9)? Das heißt: Ist der- oder diejenige bereit, alles zu tun, was nötig ist, um gegen die Sünde anzukämpfen? Bußfertige Menschen sind in der Regel sehr eifrig, wenn es darum geht, die Sünde loszuwerden. Denn Gottes Geist bewirkt das in ihnen. Wenn dies geschieht, können wir eine Bereitschaft erwarten, Rat von außen anzunehmen. Eine Bereitschaft, auch ungünstigen Terminen zuzustimmen. Eine Bereitschaft, peinliche Dinge zuzugeben. Eine Bereitschaft, finanzielle Opfer zu bringen, Freunde zu verlieren oder Beziehungen zu beenden.

Andererseits ist es so, dass eine Sünde ein umso schwereres Gegengewicht zur Waagschale der Umkehrbereitschaft bildet, je größer oder offenkundiger sie ist.[5] Sie entwertet schneller das Bekenntnis einer Person zum Glauben und kann eine Gemeinde dazu bewegen, rascher zu handeln. Es gibt zum Beispiel einen Unterschied zwischen der Entdeckung, dass jemand wiederholt die Ehe bricht, und der, dass jemand Alkoholiker ist. Beide Sünden untergraben die Glaubwürdigkeit eines Glaubensbekenntnisses, doch ich wage zu sagen, dass erstere Sünde dies eher tut als letztere.

Größere Sünden gehen in der Regel mit irgendeiner Form von Gefahr einher, was der ganzen Situation mehr Dringlichkeit verleiht. Es gibt die Gefahr, einen öffentlichen Skandal hervorzurufen und das Ansehen Christi zu beschädigen (1Kor 5). Es gibt die Gefahr der Spaltung und Schädigung einer Gemeinde (Tit 3,10). Es gibt die Gefahr falscher Lehre und des Schadens für eine Gemeinde, insbesondere für deren schwächeren Schafe (vgl. 1Tim 1,20; 2Joh 10-11). Eine Gemeinde sollte nun nicht allein aufgrund dieser Gefahren auf einen Gemeindeausschluss hinarbeiten, doch das Vorhandensein dieser Gefahren zeigt, wie ernst die Sünde ist, und ist ein Indiz dafür, warum die Gemeinde hier nicht länger das Glaubensbekenntnis der betreffenden Person bestätigen sollte. Das heißt, dass die Gefahr

5 Was ist eine »größere« Sünde? Es ist eine Sünde, die den Sünder, die Gemeinde, das Ansehen Christi und ganz allgemein andere Menschen schneller und sichtbarer zerstört. So verursacht z. B. Unterschlagung einen größeren Schaden als Ladendiebstahl und Mord einen noch größeren Schaden als Unterschlagung.

(der Schaden für das Ansehen Christi, drohende Spaltung oder falsche Lehre, der Schaden für Mitchristen) nicht als *Begründung* für Gemeindezucht gelten darf, sondern als *Beleg* dafür, dass hier ein rasches Gemeindezuchtverfahren erforderlich ist. Sie soll der Gemeinde auch die Dringlichkeit der Sache bewusst machen, sodass die notwendigen Gespräche und Handlungen rascher stattfinden.

Kurz gesagt, wird die Dauer des Prozesses ausschließlich davon bestimmt, wie lange es dauert, um alle Beteiligten davon zu überzeugen, dass eine Person charakterlich bußfertig oder unbußfertig ist. Die Gemeinde muss auf der einen Seite der Waage die Umstände prüfen, in denen die Sünde geschah, und auf der anderen Seite die Indizien für Umkehrbereitschaft. Manchmal tauchen neue Informationen auf, die die Waage in die eine oder andere Richtung neigen lassen. Doch wenn die Gemeinde überzeugt ist, dass sie alle relevanten Informationen für beide Seiten der Waage besitzt und dass sich der Balken der Waage fertig eingependelt hat, dann soll sie entsprechend der schwereren Waagschale zur Tat schreiten. Dieser Vorgang kann eine Minute oder auch ein Jahr dauern.

»Im Zweifel für den Angeklagten«

Wie bereits gesagt, schreibt Jesus in Matthäus 18 eine Art gründlichen juristischen Prozess vor: »damit jede Sache auf der Aussage von zwei oder drei Zeugen beruht« (Mt 18,16). Eine Anklage ist zu formulieren. Indizien müssen vorgebracht werden. Zeugen müssen aufgerufen werden. Das heißt, dass Christen langsam und gründlich vorgehen, aber auch, dass eine Gemeinde in solchen Fällen von Gemeindezucht sozusagen das juristische Prinzip der Unschuldsvermutung gelten lässt, solange eine Schuld nicht eindeutig erwiesen ist.

Dieses Prinzip gilt nicht nur in Fällen formaler Gemeindezucht, sondern betrifft auch die Art und Weise, wie Christen ihren Glaubensgeschwistern privat begegnen sollen. Es sollte ein

Vertrauensvorschuss gegeben werden im Sinne der Formel: Im Zweifel für den Angeklagten. Allen Anklagen sollen stets Fragen vorausgehen. Klarheit ist zu suchen, bevor Gewissheiten ausgesprochen werden.

Für den Bereich der Gemeindezucht gilt dasselbe wie für alle anderen Bereiche des Lebens: Es »sei jeder Mensch schnell zum Hören, langsam zum Reden, langsam zum Zorn« (Jak 1,19).

Gemeindeleiter sollen die Gemeinde miteinbeziehen

Unterschiedliche Gemeindetraditionen kennen unterschiedliche Wege, die Gesamtgemeinde in den Prozess einer formalen Gemeindezucht einzubeziehen. Persönlich empfehle ich, basierend auf Matthäus 18 (wo Jesus die »Gemeinde« einbezieht) und 1. Korinther 5 (wo Paulus die Gesamtgemeinde anweist, Verantwortung zu übernehmen) die Beteiligung der Gemeinde als biblisches Prinzip zu betrachten. Doch auch denjenigen, die diese Auslegung nicht teilen, empfehle ich, die Gemeinde als theologische und seelsorgerliche Instanz einzubeziehen. Theologisch betrachtet fordert Paulus jedes Glied des Leibes auf, mit jedem anderen Glied mitzufühlen und an dessen Erfahrungen – sei es Freude oder Trauer – teilzuhaben (1Kor 12,21-26; vgl. Eph 4,16). Gemeindezucht ist besonders in ihrer Endphase ein äußerst wichtiges Ereignis im Gemeindeleben, an dem durch unsere Einheit in Christus jedes Glied Anteil *hat.* Seelsorglich betrachtet ist es ein bedeutendes Ereignis, an dem alle Gemeindemitglieder Anteil nehmen *sollten.* Alle werden daraus lernen. Alle werden dadurch gewarnt und herausgefordert. Und alle mögen dazu etwas beizutragen haben.

Eine kongregationalistisch strukturierte Gemeinde wird über den Gemeindeausschluss entweder eine Wahl ansetzen oder gemeinsam einen Konsens suchen. Für diese Vorgehensweise gibt es auch einen biblischen Beleg: Man beachte das Wort »Mehrheit« in 2. Korinther 2,6.

In anders strukturierten Gemeinden wird vielleicht nicht die

Gesamtgemeinde in den endgültigen Beschluss zum Gemeindeausschluss einbezogen, doch meiner Meinung nach sollten in jeder Gemeindeform die Gemeindeleiter die Gesamtgemeinde auf mindestens vier Weisen beteiligen:

Erstens sollen die Gemeindeleiter es der Gemeinde »mitteilen«, bevor sie jemanden ausschließen (Mt 18,17). In einer Situation, die keinen sofortigen Gemeindeausschluss erfordert, scheint Jesus eine bestimmte Zeitspanne zwischen dem Informieren der Gemeinde und dem eigentlichen Gemeindeausschluss vorzusehen: »... so sage es der Gemeinde. Hört er aber auch auf die Gemeinde nicht, so sei er für dich wie ...« Vermutlich erlaubt es dieser Schritt den Gemeindemitgliedern, die eine Beziehung zur unbußfertigen Person haben, sie zur Umkehr aufzufordern. Auch wird die Gemeinde auf den Gemeindeausschluss vorbereitet, so dieser denn stattfindet. Ihr wird die Gelegenheit gegeben, zu handeln und Fragen zu stellen, bevor der endgültige Beschluss verkündet wird.

Zweitens sollten die Gemeindeleiter die Gemeinde informieren, nachdem jemand unter Gemeindezucht gestellt wurde (wenn sie nicht schon die Gemeinde an dem Beschluss beteiligt haben, wie sie es meiner Meinung nach tun sollten). Die Gemeinde sollte, wenn schon nicht beteiligt, dann auf jeden Fall darüber informiert werden, dass eine Person ausgeschlossen werden soll. Die Bibel sagt, dass sich die Beziehungen von Christen zu ausgeschlossenen Personen deutlich verändern sollen (wie im nächsten Punkt ausgeführt); deshalb müssen die Gläubigen vom Ausschluss eines Mitglieds erfahren.

Drittens sollen die Gemeindeleiter die Gemeinde darin lehren und anleiten, wie mit einem möglichen oder tatsächlichen Gemeindeausschluss umzugehen ist. Junge Christen sind oft anfällig für naive und unangebrachte Solidarität mit dem Ausgeschlossenen (wie Gott es auch manchmal dem Volk Israel vorwirft). Diesen können die Gemeindeleiter helfen, hier nicht zu straucheln, indem sie die betreffenden Bibeltexte erläutern und Vorbilder dafür sind, wie wahrhaft betrübtes, aber die Wahrheit liebendes Mitgefühl aussehen soll.

In diesem Sinne sollen die Gemeindeleiter auch die Mitglieder lehren, wie sie mit einer ausgeschlossenen Person umgehen sollen. Im Neuen Testament ist an mehreren Stellen davon die Rede (1Kor 5,9.11; 2Thess 3,6.14-15; 2Tim 3,5; Tit 3,10; 2Joh 10). Die Ältesten meiner Gemeinde geben hier den grundlegenden Rat, dass sich der allgemeine Ton in den Beziehungen zur ausgeschlossenen Person spürbar verändern sollte. Der Umgang mit ihr sollte nicht mehr von Smalltalk, sondern von bewussten Gesprächen über Umkehr geprägt sein. Natürlich sollen Familienmitglieder weiterhin ihren familiären Pflichten nachkommen (vgl. Eph 6,1-3; 1Tim 5,8; 1Pet 3,1-2).

Viertens sollten die Gemeindeleiter die Gemeinde ins Gebet für und in die Hoffnung auf Umkehr führen und in ihr die Bereitschaft wecken, den Sünder wieder aufzunehmen und sich mit ihm zu versöhnen. Solche Leitung geschieht durch gründliche biblische Unterweisung und persönliches Vorbild. Es sollte keinen Zweifel daran bestehen bleiben, dass sowohl die Leiter als auch die gesamte Gemeinde betrübt sind und sich nichts mehr wünschen, als mit dem entfremdeten Mitglied wieder versöhnt zu werden.

Ein konkretes Gemeindebeispiel

Der Leser mag bemerkt haben, dass ich hier keine Schritt-für-Schritt-Anleitung für den Umgang mit Gemeindezucht gebe. Zum Teil deswegen, weil die Bibel mehrere Wege der Gemeindezucht vorgibt. Zum Teil, weil unterschiedliche Strukturen unterschiedliche Maßnahmen erforderlich machen. Und schließlich, weil auch die Gemeindeleiter Weisheit brauchen, um zu entscheiden, welche biblischen Prinzipien im jeweiligen Fall relevant und anzuwenden sind.

Ich kann aber darstellen, wie der Vorgang in meiner eigenen Gemeinde gewöhnlich abläuft. Grob gesagt folgen wir dem Muster aus Matthäus 18. Hier werden die einzelnen Gemeindemitglieder angewiesen, Probleme privat anzusprechen. Wenn es privat keine Umkehr gibt, werden ein oder mehrere Gemeindeälteste einbezogen, erst einzeln und dann als Gesamtheit. Manchmal trifft sich die schuldige Partei mit den versammelten Ältesten, wozu einzelne Personen aber nicht immer bereit sind. Dann verwenden die Ältesten ein paar Tage bis ein paar Monate auf die Diskussion, ob sie die Sache vor die Gemeinde bringen sollen. Wenn sie beschließen, die Gemeinde zu informieren, dann tragen sie die betreffenden Informationen auf einer internen Veranstaltung ausschließlich den Mitgliedern vor. Sie nennen den Namen der Person und benennen die Kategorie der Sünde, ohne zu sehr ins Detail zu gehen. Sie erklären alle Punkte, die dazu beitragen könnten, eine Umkehrbereitschaft der betreffenden Person hervorzurufen, und sie fordern die Gemeinde auf, unter Gebet die Umkehr des betreffenden Mitglieds zu erstreben. Sie erklären, dass sie, falls sich an der Situation nichts ändert, sehr wahrscheinlich auf der nächsten Mitgliederversammlung, die normalerweise zwei Monate später stattfindet, den Ausschluss der Person anstreben werden. Dann nehmen die Ältesten Fragen der Mitglieder entgegen. Sollten die Ältesten auf dieser nächsten Mitgliederversammlung weiter an ihrer Absicht festhalten, die Person auszuschließen, werden sie eine Empfehlung zum Gemeindeausschluss aussprechen, die Möglichkeit zu Rückfragen geben und dann die Mitglieder abstimmen lassen. Wenn die Mitglieder für den Ausschluss stimmen, belehren die Ältesten die Gemeinde darüber, wie sie sich gegenüber dem nun ehemaligen Mitglied verhalten sollen.

Auch wenn der Vorgang nicht immer ganz genau so abläuft, versuchen wir, die folgenden Prinzipien umzusetzen:

1. An dem Vorgang sollten nur so viele Menschen beteiligt sein wie unbedingt nötig, um eine Umkehr zu bewirken.
2. Wenn der Vorgang sich über eine oder mehrere Personen hinaus ausweitet, sollen die Gemeindeleiter den Vorgang leiten.
3. Die Dauer des Vorgangs richtet sich danach, wie lange es dauert, um festzustellen, dass eine Person charakterlich unbußfertig ist.

4. Es gilt immer: »im Zweifel für den Angeklagten«, solange die Indizien nichts anderes belegen.
5. Die Gemeindeleiter sollen in angemessener Weise die Gemeinde beteiligen und unterweisen.

— 5 —

Wie geschieht Wiederherstellung?

Wenn formale Gemeindezucht den Ausschluss von der Gemeindemitgliedschaft und vom Abendmahl bedeutet, was gehört dann zur Wiederherstellung? Und wann geschieht diese? Diesen beiden Fragen wollen wir uns nun zuwenden.

Was ist Wiederherstellung?

Nachdem eine Person von einer Gemeinde ausgeschlossen wurde, heißt Wiederherstellung einfach, dass die Gemeinde der Person gegenüber ihre Vergebung ausspricht und ihr Bürgerrecht im Reich Gottes von Neuem bestätigt.

Im 2. Korintherbrief spricht Paulus einen weiteren Fall von Gemeindezucht an, doch diesmal beschreibt er, wie Wiederherstellung aussieht. Wir erfahren keine Details über die Sünde, doch die Wiederherstellung wird folgendermaßen beschrieben:

> Für den Betreffenden sei die Bestrafung vonseiten der Mehrheit genug, sodass ihr ihm nun im Gegenteil besser Vergebung und Trost gewährt, damit der Betreffende nicht in übermäßiger Traurigkeit versinkt. Darum ermahne ich euch, Liebe gegen ihn walten zu lassen. (2Kor 2,6-8)

Es hat also eine Mehrheit der Gemeinde bewusst gehandelt (darüber abgestimmt?) und den Betreffenden bestraft. Nun sagt Paulus, dass sie ihm vergeben, ihn trösten und ihre Liebe zu ihm neu bestätigen sollen.

Dieser Aufruf zur Vergebung erinnert darüber hinaus an Jesu Worte im Johannesevangelium. Das ist eine Parallelstelle zu den Schlüsseln im Matthäusevangelium: »Welchen ihr die Sünden vergebt, denen sind sie vergeben; welchen ihr sie behaltet, denen sind sie behalten« (Joh 20,23). Nicht lange nach dieser Aussage spricht Jesus dem Petrus Wiederherstellung zu (Joh 21,15-17).

Wenn eine Gemeinde beschließt, eine Person nach ihrer Umkehr wieder in ihre Gemeinschaft aufzunehmen und am Abendmahl teilnehmen zu lassen, sollte keine Rede von einer Probezeit oder von einem Bürgerrecht zweiter Klasse sein. Vielmehr soll die Gemeinde öffentlich Vergebung aussprechen (Joh 20,23), ihre Liebe zum Bußfertigen bestätigen (2Kor 2,8) und feiern, wie der Vater des Verlorenen Sohns feierte (Lk 15,24).

Meine eigene Gemeinde hatte einmal eine Person aufgrund einer komplizierten Situation ausgeschlossen, in der es um systematische Unehrlichkeit ohne jede Umkehrbereitschaft ging. Gott sei Dank kehrte der Mann schließlich um, womit die Gemeinde in der Lage war, Vergebung auszusprechen und die Gemeinschaft mit ihm neu zu bestätigen. Die Ältesten legten der Gemeinde folgenden Antrag vor:

> Mit großer Freude empfehlen die Gemeindeältesten allen Mitgliedern, in Dankbarkeit vor Gott die Umkehr unseres Bruders anzuerkennen, ihm in aller Form unsere Vergebung für sein Handeln an uns auszusprechen und unsere Gemeinschaft mit ihm und unsere Liebe zu ihm als unserem Bruder in Christus öffentlich zu erneuern. Dies tun wir mit großer Dankbarkeit gegenüber Gott für seine Treue zu seinem Wort und zu denen, die es durch ihren Gehorsam ehren.

Die Gemeinde bestätigte den Antrag einstimmig. Es war ein Moment großer Freude.

Bedeutet Wiederherstellung in jedem Fall auch die Wiederaufnahme in die Gemeinde? In den meisten Fällen würde ich sagen: Ja. Die zur Wiederherstellung notwendige Umkehr zeigt sich unter anderem in der Bereitschaft, sich wieder einer Gemeinde anzuschließen und sich deren Leitung zu unterstellen. Doch letztendlich glaube ich, dass Wiederherstellung eine Analogie zur Taufe bildet. Die Taufe bedeutet normalerweise, aber nicht notwendigerweise, die Aufnahme als Mitglied in eine Gemeinde (man denke hier an den äthiopischen Kämmerer in Apg 8,38-39). Ebenso bedeutet Wiederherstellung normalerweise, aber nicht notwendigerweise die Wiederherstellung als Mitglied einer Gemeinde. In meinem obigen Beispiel lebte der Betreffende gerade im Ausland, als die Gemeinde über diesen Antrag abstimmte. Er hatte der Gemeinde per E-Mail seine Sünde bekannt und gefragt, was er tun könne, um die Beziehung wiederherzustellen. Nach einigem Austausch ergab sich dann schließlich dieser Antrag.

Wann soll Wiederherstellung geschehen?

Wann soll die Wiederaufnahme in eine Gemeinde stattfinden? Die einfache Antwort darauf lautet: wenn der Sünder umgekehrt und die Gemeinde überzeugt ist, dass diese Umkehr echt ist, weil die Mitglieder die Früchte in seinem Leben erkennen. Wiederherstellung geschieht, wenn die Gemeinde bereit ist, ein weiteres Mal vor den Heiden das Bekenntnis dieser Person zum Christentum zu bestätigen. Manchmal ist das Indiz der Umkehr ein ganz eindeutiges: wenn zum Beispiel der Mann, der seine Frau verlassen hat, zu ihr zurückgekehrt ist.

Manchmal bleiben die Indizien aber auch in einer gewissen Grauzone: wenn zum Beispiel jemand, der im Teufelskreis einer Sucht steckt, die Sucht vielleicht noch nicht vollständig besiegt hat, es aber viel mehr Erfolge gibt als in der Vergangenheit und er neue Kraft zeigt, sie zu bekämpfen.

Die für eine Umkehr notwendigen Indizien werden je nach Sünde unterschiedlich aussehen und es wird auch nicht immer einfach sein, zu beurteilen, ob die Umkehr echt ist.

Einmal befanden wir uns als Gemeindeälteste in einem solchen Dilemma. Ein Mann, den die Gemeinde unter Gemeindezucht gestellt hatte, zeigte Indizien für eine Umkehr, doch auch andere Anzeichen, die eher für ein nach wie vor verhärtetes Herz sprachen. Als wir im Ältestenkreis darüber berieten, ob wir der Gemeinde die Wiederherstellung dieses Mannes empfehlen sollten, konnten wir alle beide Seiten sehen und spürten das Gewicht von Paulus' Aufforderung in 2. Korinther, dass wir den Betreffenden nicht in »übermäßiger Traurigkeit« (2Kor 2,7) versinken lassen durften. Die Schlussabstimmung ergab sieben Stimmen gegen eine Wiederaufnahme und sechs dafür.

Es ist zweifellos möglich, dass wir als Älteste einen Fehler machten, so wie es bei jeder Entscheidung, die eine Person oder Gemeinde trifft, der Fall sein kann. Doch sowohl die Anhänger der Mehrheit als auch die der Minderheit vertrauten darauf, dass Gott durch unsere unvollkommenen und kontroversen Überlegungen wirkte. In seiner Gnade gebraucht Gott Ältestenräte mit begrenzter Weitsicht und fehlbare Handlungsweisen wie die unsrigen.

Weisheit in der Beurteilung von Indizien für eine Umkehr erfordert ein Gleichgewicht aus Vorsicht und Barmherzigkeit. Und das heißt, dass dieser Prozess oft nur langsam vor sich gehen kann – allerdings nicht zu langsam. In Kapitel 3 erzählte ich von einem Freund, der wegen einer üblen Form kriminellen Verhaltens aus seiner Gemeinde ausgeschlossen worden war. Gott sei Dank gab er diese Straftaten sofort auf, nachdem sie ans Licht gekommen waren – ein gutes Zeichen. Doch andere, ähnliche Sünden behielt er bei – ein schlechtes Zeichen. Er war bereit, sich Dutzende Male mit zwei Gemeindeältesten zu Seelsorgegesprächen zu treffen – ein gutes Zeichen. Doch er erschien nur sporadisch im Gottesdienst und zu Gesprächen – ein schlechtes Zeichen. In dem Moment, in dem ich dies schreibe, versuchen die Pastoren der Gemeinde gerade, Vorsicht und Barmherzigkeit gegeneinander abzuwägen und langsam, aber nicht zu langsam vorzugehen. Der Hauptpastor dieser Gemeinde schrieb mir neulich: »Wir halten an der Hoffnung fest, dass der Herr ihn bald wiederherstellt! Wir hatten gehofft, dass es schneller passieren würde, um seine Geduld nicht zu sehr zu strapazieren. Doch wir konnten einfach nicht so schnell handeln wie erhofft. Bitte bete weiter mir uns, dass er von Herzen den Herrn sucht.«

Wie schon gesagt, wäre es ganz schön, für solche Fälle ein Lehrbuch zu haben, in dem es heißt: »Wenn *dieses* passiert, musst du *jenes* tun.« Doch wie es scheint, beabsichtigt der Herr für seine Gemeinden, dass sie lernen, auf die Weisheit zu vertrauen, die er uns selbst im härtesten Dilemma verheißt, was uns einmal mehr daran erinnern soll, wie sehr wir von ihm abhängig sind.

Ist eine solche Entscheidung für alle Gemeinden bindend?

Eine letzte Frage ist zu bedenken, was Gemeindezucht und Wiederherstellung betrifft: Ist die Entscheidung einer Gemeinde, eine Person auszuschließen, für andere Gemeinden bindend? Das heißt: Kann eine Gemeinde eine Person als Mitglied aufnehmen, die von einer anderen Gemeinde ausgeschlossen worden ist?

Diese Frage wird in den verschiedenen Konfessionen und Gemeindebünden unterschiedlich beantwortet. Manche Lehrtraditionen basieren zum Teil auf der Überzeugung, dass genau deshalb die gesamte Gemeinde Jesu über die Ortsgemeinde hinausgeht, damit verschiedene örtliche Gemeinden stets im Einklang handeln. In gewisser Hinsicht muss die Entscheidung einer Gemeinde auch für eine andere bindend sein.

Doch das gilt nicht nur für hierarchisch strukturierte Kirchen wie Katholiken und Anglikaner. Manche konservativen Baptisten vertreten die Meinung, dass eine Person, die von einer Gemeinde ausgeschlossen wurde, nach wie vor mindestens so lange unter der Autorität dieser Gemeinde steht, bis diese den Bann aufhebt. In dieser Zeit darf keine andere Baptistengemeinde die Autorität dieser ersten Gemeinde für sich beanspruchen, indem sie die Person als Mitglied wiederaufnimmt.

Meiner Meinung nach ist diese Argumentation falsch. Gemeinden besitzen durchaus die Autorität, Personen aufzunehmen, die von einer anderen Gemeinde ausgeschlossen wurden. Das mag zwar nicht immer weise sein. Und es wäre auf jeden Fall weise, sich bei der ersten Gemeinde über die Sache zu informieren. Doch schlussendlich hat Jesus jeder einzelnen Ortsgemeinde die Autorität über die Schlüssel des Bindens und Lösens gegeben und sind die Beschlüsse einer Ortsgemeinde nicht bindend für eine andere.

Wenn eine Gemeinde eine Person ausschließt, überantwortet sie sie damit dem Satan (1Kor 5,5). Das bedeutet, dass sie ihre Bestätigung zurückzieht, dass diese Person zum Reich Gottes gehört, wo Gottes erlösende Autorität regiert. Stattdessen erklärt sie, dass die Person zum Reich des Satans gehören muss, wo der Satan regiert (Mt 4,8-9; Joh 12,31; 14,30). Somit hat die Gemeinde nicht mehr Autorität über den Ausgeschlossenen wie über jeden anderen Nichtchristen im Reich des Satans auch. Deshalb sagt Jesus, dass der Ausgeschlossene behandelt werden soll »wie ein Heide und ein Zöllner« (Mt 18,17) – also wie jemand, der nicht zur Bundesgemeinschaft Gottes gehört.[6]

Will ich damit sagen, dass Gemeinden völlig unabhängig voneinander handeln? Keineswegs. Die Gemeinden im Neuen Testament sind klar voneinander abhängig. Sie sorgen dafür, dass andere Gemeinden versorgt sind, gute Lehre erhalten und gemeinsam für die Wahrheit arbeiten (vgl. Apg 11,28-30; Kol 4,16; 3Joh 5-8). Auch warnen sie sich gegenseitig vor falschen Lehrern und anstößigen Personen (1Joh 4,1-3; 3Joh 9-10). Zu dieser gegenseitigen Abhängigkeit sollte auch die gegenseitige Hilfe darin gehören, Mitglieder aufzunehmen und auszuschließen. Deshalb

---

6 Aber sollen Gemeinden Ausgeschlossene nicht anders behandeln als Nichtchristen (z. B.: »… mit einem solchen sollt ihr nicht einmal essen«, 1Kor 5,11)? Ja. Ist das dann keine Form von übergreifender Autorität? Nein. Hier geht es um eine Form der Autorität, die über die eigenen Gemeindemitglieder ausgeübt wird, ähnlich wie wenn eine Mutter ihren Kindern einschärft, sich nicht auf eine bestimmte Clique auf dem Schulhof einzulassen. Die Autorität bezieht sich nicht auf die Clique, sondern auf die eigenen Kinder. Indem eine Gemeinde ihren Mitgliedern aufträgt, keinen Umgang mit einem ausgeschlossenen Mitglied zu haben, schützt sie einerseits ihre Mitglieder und gibt andererseits bekannt, dass das christliche Bekenntnis dieser Person unglaubwürdig ist.

sollten in einem angemessenen Rahmen von Zeit zu Zeit Gespräche unter den Gemeinden über Themen stattfinden, die Gemeindezucht betreffen. Gleichzeitig muss aber letztendlich jede einzelne Gemeinde ihre Entscheidungen vor Gott verantworten.

TEIL 2

DER THEOLOGISCHE RAHMEN IN DER PRAXIS: FALLBEISPIELE

Für die folgenden Fallbeispiele habe ich Elemente aus realen Situationen verwendet, mit denen ich persönlich zu tun hatte oder die ich mindestens aus zweiter Hand erfahren habe. Auch wo ich reale Elemente verwendet habe, habe ich nähere Einzelheiten ebenso wie die Namen der Beteiligten allgemein in »Joe« und »Jill« geändert.

Um Wiederholungen zu vermeiden und Platz zu sparen, verzichte ich auf detaillierte Erklärungen und verweise stattdessen in Klammern auf das Kapitel, in dem ich das jeweils angewendete Prinzip erläutert habe.

Ich behaupte nicht, dass die Entscheidungen, die in den jeweiligen Fällen getroffen wurden, in Stein gemeißelt werden sollen. Manche davon könnten auch falsch gewesen sein. Dennoch stellen sie den bestmöglichen Versuch meiner oder einer anderen Gemeinde dar, den in den Kapiteln 1 bis 4 dargestellten Rahmen des Evangeliums konkret anzuwenden.

Jedes Szenario steht im Kontext eines von Ältesten geführten kongregationalistischen Gemeindemodells. Das heißt, dass die Ältesten den Verlauf der Gemeindezucht bestimmen, wenn er eine bestimmte Ebene erreicht hat, dass aber die Gesamtgemeinde das letzte Wort in der Frage hat, ob ein Gemeindeausschluss erfolgen soll. Dieser geschieht durch Abstimmung in einer geschlossenen Mitgliederversammlung.

— 6 —

Der Ehebrecher

Die Situation

Joe arbeitete aktiv im sozialen Bereich seiner Gemeinde mit und war dort sogar auf Leitungsebene involviert. Seine besten Freunde, die auch Gemeindeälteste waren, hatten begonnen, mit Joe über seine Zweifel am christlichen Glauben zu sprechen. Eines Tages trat Joes Frau an einen der Ältesten heran und sagte, dass Joe in jüngerer Zeit mindestens eine, wenn nicht sogar mehrere außereheliche Affären gehabt habe. Daraufhin sprachen zwei Älteste mehrmals im privaten Rahmen mit ihm sowohl über den Ehebruch als auch über seine Zweifel, jedoch ohne Ergebnis. Joe gab zwar zu, dass sein Handeln »falsch« war, antwortete aber nur ausweichend und unklar auf Fragen, ob er die andere Frau weiterhin treffen wolle. Einige Wochen später teilte Joe den beiden Ältesten mit, dass er seine Frau verlasse und dass die Ehe für ihn vorbei sei. Wenige Tage später zog er aus.

Soll Joe aus der Gemeinde ausgeschlossen werden? Und wenn ja, wie schnell?

Die Beurteilung der Sünde

Ehebruch ist eine üble Sünde, die das Glaubensbekenntnis einer Person sofort in Zweifel zieht. Manche sagen sogar, dass diese Sünde das Bekenntnis als Christ komplett aufhebt. Es ist ein erheblicher Vertrauensbruch, den sogar Nichtchristen normalerweise für falsch halten, was durch die Tatsache belegt wird, dass sogar Politiker manchmal zurücktreten müssen, wenn ihnen ein Ehebruch nachgewiesen wird. Ein Ehebruch steht im

Widerspruch zu Jesus, der seiner Braut nie untreu gewesen ist. Er zerstört Ehen und schadet Kindern, Gemeinden und Freundschaften.

Mit anderen Worten: Ehebruch ist keine Sünde, in die ein Mensch plötzlich hineinstolpert. Normalerweise gehen einem Ehebruch eine Reihe anderer Sünden voraus: die Gewohnheit, das Bibellesen und das Gebet ebenso wie die Ehe zu vernachlässigen, eine ungezügelte Phantasie, ungehinderte Unzufriedenheit auf der Arbeit, kleine Lügen und so weiter. Wenn der eigentliche Ehebruch geschieht, ist das Herz des Betreffenden oft allgemein verhärtet und lebt er in einer Selbsttäuschung.

Es ist durchaus denkbar, dass Ehebruch in manchen Fällen sofort zum Gemeindeausschluss führt. Das wäre zum Beispiel der Fall, wenn sich zeigen sollte, dass der Ehebruch keine einmalige Sache, sondern schon zur Gewohnheit geworden war, oder wenn sich auf Anhieb zeigen sollte, dass die Person die Absicht hat, in dieser Sünde zu verharren.

Die Beurteilung der Umkehrbereitschaft

Wenn ein Ehebrecher wie Joe überführt wird, könnte man erwarten, dass er zumindest am Anfang versuchen wird, die Sache abzustreiten, auch wenn er Christ ist. Schließlich muss sein Herz ganz schön hart geworden sein, um so weit vom rechten Weg abzukommen. Doch das Herz eines Christen sollte eher rasch auftauen – möglicherweise innerhalb weniger Tage, wenn nicht gar Stunden – wenn er mit sexueller Untreue konfrontiert wird. Man sollte erwarten, dass ein bußfertiger Ehebrecher, um mit Paulus zu sprechen, von einer göttlichen und ernsten Trauer gekennzeichnet ist, von einem Eifer, die Sünde loszuwerden, von einer Entrüstung über die Sünde, einer Furcht, einem Verlangen, einem Eifer und noch manchem mehr (2Kor 7,11).

Doch Joe suchte von Anfang an Ausflüchte. Es war nicht klar, ob er weiter in dieser Sünde verharren wollte, aber es war auch nicht klar, ob er sie lassen wollte. In den ersten paar Wochen, als nur wenige Älteste von der Situation wussten, wirkte Joe unentschlossen in der Frage, welchen Weg er wählen wollte. Aus diesem Grund beschlossen sie, nicht sofort zu handeln.

Weitere Faktoren

Auch die von Joe angeführten Glaubenszweifel spielten eine Rolle in der Entscheidung der Ältesten, nicht sofort zu handeln. Er spielte sogar schon mit dem Gedanken, dass er vielleicht gar kein Christ sei, was sich auf den Umgang der Ältesten mit der Situation ausgewirkt hätte (siehe Paulus' Unterscheidung zwischen dem Umgang mit sexuell untreuen Menschen in der Welt und jemandem, »der sich Bruder nennen lässt«; 1Kor 5,9-11). Sie nahmen an, dass die Zweifel mit dem Ehebruch zusammenhingen, doch es war nicht klar, was von beidem zuerst kam.

Die Entscheidung

Sobald Joe bekanntgegeben hatte, dass er seine Frau verlassen werde, und seinen Entschluss bekräftigte, indem er auszog, waren sich die Ältesten sicher, dass er charakterlich nicht bußfertig war (Kap. 3). Joe war trotz mehrmaliger Warnung entschlossen, lieber seiner Sünde als Jesus zu folgen. Er wusste, was er tat. Deshalb empfahlen die beiden Ältesten mit Unterstützung der gesamten Ältestenschaft seinen sofortigen Gemeindeausschluss (Kap. 3 und 4). Die Gesamtgemeinde stimmte zu.

— 7 —

Die Süchtige

Die Situation

Jill war spielsüchtig. Sie war in einer Familie aufgewachsen, in der die Eltern zum Zeitvertreib und auf einer harmlosen Ebene Glücksspiele spielten. Auf Ausflügen nach Las Vegas gaben sie ihr sogar Taschengeld, das sie verspielen durfte. Doch in ihrer Collegezeit wurde das Spielen zum Zwang. Sie ging in Spielcasinos, trat mehreren Internet-Fantasyspielen bei und hatte Glücksspiel-Apps auf ihrem Handy.

Als Jill nach dem Collegeabschluss Christin wurde, schwand ihre Spielleidenschaft enorm, hauptsächlich, weil sie von ihrem neuen Glauben davon abgelenkt war. Dann begann sie etwas über ein Jahr später wieder öfter zu spielen. Anfangs sahen ihre christlichen Freunde, die selbst noch etwas unreif waren, noch belustigt auf die Geschichten ihrer Spielleidenschaft. Doch es dauerte nicht lange, bis sie merkten, dass Jill ein ernstes Problem hatte. Eine Freundin sprach Jill direkt darauf an und Jill gab zu, dass diese Glücksspiele problematisch sein können, wenn man damit nicht verantwortungsbewusst umginge, doch sie beteuerte, dass sie ihr Verhalten unter Kontrolle hatte.

Dann heiratete Jill. Und innerhalb eines Jahres war Jills Spielleidenschaft zum prägenden Thema in ihrer Ehe geworden. Zuerst versuchte sie es abzustreiten, als ihr Mann sie darauf ansprach, und hielt ihm wiederum seine Sünden vor, wie etwa der Tatsache, dass er während ihrer Verlobungszeit Geld auf Basketballspiele am College verwettet hatte. Doch nach einer Pechsträhne, in der sie ein paar Tausend Dollar verloren hatte, lenkte sie ein. Sie gab zu, dass sie ein Problem mit Spielsucht hatte, und beschloss, damit aufzuhören. Darüber sollte sie Freunden aus der Gemeinde Rechenschaft ablegen.

Die Monate vergingen. Zunächst war Jill wild entschlossen, ihrer Verantwortung gerecht zu werden, ließ dann aber nach. Sie begann wieder zu spielen und bald eskalierte das Problem. An ihrem ersten Abend in der Spielhalle ging sie hohe Risiken ein und verlor eine so große Summe Geld wie noch nie zuvor. Am nächsten Tag versuchte sie, sich selbst aus dem Sumpf zu ziehen, indem sie noch höhere Wetten abschloss, und fiel noch tiefer. Es folgte ein Zusammenbruch, Tränen und erneuerte Beteuerungen, sogar das Versprechen, die Gemeindeseelsorgerin aufzusuchen. Doch in den folgenden Monaten wiederholte sich der Teufelskreis noch mehrere Male.

Schließlich erhielt eines Abends einer der Ältesten einen Anruf von Jills Mann: Jill befand sich nach einer unter Alkoholeinfluss stehenden Handgreiflichkeit gegen einen dienstfreien Polizisten in der Ausnüchterungszelle. Sie war im Spielcasino gewesen, hatte mehrere Tausend Dollar verloren, sich schrecklich gefühlt, Trost im Alkohol gesucht, war aggressiv geworden und hatte schließlich die Fäuste gegen den Polizisten fliegen lassen, der versucht hatte, sie zu beruhigen. Er hatte sie nicht festgenommen, sondern in die Ausnüchterungszelle des Casinos gesetzt und ihren Mann gebeten, sie abzuholen.

Am nächsten Morgen schämte sich Jill zutiefst, zeigte sichtbare Reue, aber auch leichte Ausflüchte. Es war ihr durchaus peinlich, aber etwas in ihr wollte nicht eingestehen, dass die Sünde so schlimm war. Dass Spielcasinos solche Ausnüchterungszellen hatten, schien ihr ein Beleg dafür, dass ihre Sünde eine ziemlich gewöhnliche sei. Und schließlich hatte der Polizist sie straffrei davonkommen lassen. Würden sich ihre christlichen Freunde nicht ebenso verhalten?

Soll eine Gemeinde eine Süchtige wie Jill, die Anzeichen für Reue über ihre Sucht und deren Folgen erkennen lässt, ausschließen?

Die Beurteilung der Sünde

Christen mögen sich darüber uneinig sein, ob kleine Wetteinsätze von einem oder zwei Dollar schon Sünde sind. Doch die meisten Christen bejahen, dass das Glücksspiel mit großen Geldsummen, besonders wenn es aus Gewohnheit geschieht, eine sündige Veruntreuung unserer gottgegebenen Ressourcen darstellt. Sehr wahrscheinlich steckt hinter dieser Gewohnheit der götzendienerische Wunsch, etwas für nichts zu bekommen. Darüber hinaus hindert eine solche Gewohnheit einen Christen höchstwahrscheinlich daran, großzügig an die Gemeinde oder an Bedürftige zu spenden. Und ganz sicher weist es auf ein Versagen hin, den Nächsten zu lieben wie sich selbst (wer ermuntert schon seinen Nächsten dazu, große Summen Geld zu verwetten?).

Jills Sünde war deutlich zur Gewohnheit geworden und beherrschte sie. Das Gefühl des Risikos machte Spaß, bot aber auch eine Flucht aus der Realität und gab ihr das Gefühl, wichtig zu sein (was sie zugab), als ob der Gewinn von Wetten ihr bestätigte, dass sie das Glück und die Welt an sich beherrschte. Sie hatte ganz offensichtlich die Gefühle, das Risiko zu beherrschen und etwas für nichts zu bekommen, zu Götzen gemacht.

Ähnlich bedenklich, wenn nicht noch mehr, war die Tatsache, dass Jill Trost im Alkohol suchte, wenn Götze Nr. 1 versagte. Ihre öffentlich sichtbare Trunkenheit und ihr aggressives Verhalten zeigten, dass sie ihr christliches Zeugnis komplett vernachlässigte und ein reichlich verhärtetes Herz besaß.

Die Beurteilung der Umkehrbereitschaft

Als der Telefonanruf kam, lief das Gemeindezuchtverfahren gegen Jill schon mehrere Jahre. Die Warnungen waren ausgesprochen worden. Die Strukturen, um rechenschaftspflichtig zu sein, waren vorhanden. Doch Jill schaffte es, alle diese Strukturen immer wieder über Bord zu werfen. Manchmal wirkte sie bußfertig, doch immer wieder kehrte sie zu ihrer Sünde zurück wie ein

Hund zu seinem Erbrochenen (Spr 26,11). Und jedes Mal schien das Problem schlimmer zu werden, wie jener Dämon, der nach seiner Austreibung mitsamt sieben Brüdern zurückkehrte (Mt 12,44-45).

Immerhin war Jill zwischendurch immer wieder entschlossen, ihre Sünde zu bekämpfen, und nach dieser letzten Episode versprach sie dies auch erneut. Ihr tat es am nächsten Tag auf jeden Fall leid. Doch die Ältesten hatten den Eindruck, dass man nicht unbedingt erst ein erneuertes Herz braucht, um einen Abend zu bedauern, an dem man mehrere Tausend Dollar verloren hat, betrunken war, einen Polizisten geschlagen hat und in eine Zelle gesteckt worden ist.

Drei Aspekte schienen besonders problematisch: das Eskalieren der Glücksspielerei, das, was die letzte Episode öffentlicher Trunkenheit und Aggression über ihre Herzenshärte aussagte, und die Tatsache, dass ihre Beteuerungen, sich zu ändern, gleich klangen wie alle ihre Beteuerungen zuvor auch schon geklungen hatten. Einer der Ältesten bezeichnete die Episode als den Tropfen, der das Fass zum Überlaufen brachte. Auch alle anderen Ältesten stimmten zu, dass ihre Worte nicht länger glaubwürdig waren (Kap. 3 und 4). Alle »normalen« Strukturen der Verbindlichkeit und Seelsorge waren fruchtlos geblieben und alles wurde nur noch schlimmer.

Selbst ihr Mann traute ihren Aussagen über ihre Umkehr inzwischen so wenig, dass er den Ältesten gegenüber sagte, dass er eine Entscheidung, seine Frau auszuschließen, mittragen würde – nicht etwa, weil er sie nicht mehr liebte, sondern gerade weil er sie liebte (siehe Einleitung).

Die Entscheidung

Am Sonntagabend nach dem Anruf des Polizisten empfahlen die Ältesten Jills sofortigen Gemeindeausschluss aufgrund von Spielsucht und öffentlicher Trunkenheit. Viele Menschen in der Gemeinde hörten zum ersten Mal davon und einige fragten sich, ob nicht vor dem Ausschluss eine gemeindeweite Warnung angebracht gewesen wäre. Doch die Ältesten erklärten, dass die gesamte Reihe von Ereignissen, die in der Ungeheuerlichkeit gipfelten, in betrunkenem Zustand einen Polizisten anzugreifen, die Gemeinde in eine Lage brachten, in der sie bis auf Weiteres unmöglich Jills Umkehrbereitschaft integer bestätigen konnten (Kap. 3). Es bestand die Hoffnung, dass sie in den kommenden Monaten echte Umkehrbereitschaft an den Tag legen würde. In diesem Fall würden es die Ältesten gerne verantworten, ihr Bekenntnis zum Glauben neu zu bestätigen (Kap. 5).

Jills Mann wandte sich auf der Mitgliederversammlung bewusst an die Gemeinde. Er wollte, dass die Gemeinde wusste, dass er die Entscheidung der Ältesten unterstützte. Und er wollte auch, dass Jill wusste, dass er zur Entscheidung der Gemeinde stand, damit der Wirkung des Gemeindeausschlusses durch nichts der Wind aus den Segeln genommen werden würde.

Die Gemeinde stimmte mit nur einer Gegenstimme dafür, Jill auszuschließen.

— 8 —

Der schlagzeilenträchtige Kriminelle

Die Situation

Eines Dienstagmorgens erfuhren die Gemeinde und deren Älteste aus der Lokalpresse, dass Joe wegen des Verdachts auf Firmendiebstahl in Untersuchungshaft saß. Laut Zeitungsbericht hatte Joe im Laufe von fünf Jahren mehrere Hunderttausend Dollar gestohlen. Joe erklärte sich sowohl vor Gericht als auch im privaten Gespräch mit einem Ältesten für unschuldig.

Macht dieser öffentliche Charakter von Joes Sünde einen sofortigen Gemeindeausschluss notwendig?

Die Beurteilung der Sünde

Wenn ein Gemeindemitglied über mehrere Jahre hinweg mehrere Hunderttausend Dollar stiehlt, weist das auf eine tiefe Verwurzelung der Sünde und ein zutiefst verhärtetes und unehrliches Herz hin. Eine solche Sünde geschieht vorsätzlich und willkürlich.

Die Beurteilung der Umkehrbereitschaft

Angesichts der Vorsätzlichkeit der Sünde, ihrer Dauer und ihres heuchlerischen Wesens könnte eine Gemeinde zu Recht beschließen, dass sie das christliche Bekenntnis des Betreffenden nicht länger bestätigen kann, und deshalb den sofortigen Ausschluss fordern. Auch wenn der Betreffende sich bußfertig zeigt, hätte die Gemeinde Schwierigkeiten zu beurteilen, ob er wirklich bußfertig ist. Die Sünde der Veruntreuung und die sie begleitende Heuchelei würden eher auf einen hartnäckigen Mangel an Umkehrbereitschaft hindeuten (Kap. 3 und 4).

Diese Analyse geht allerdings davon aus, dass Joe schuldig ist, doch er beteuerte seine Unschuld. Darüber hinaus gab es noch kein Gerichtsurteil. Die Ältesten wollten keine Entscheidung treffen, die auf weniger Informationen basierte als die des Gerichts (Kap. 1). Und ganz sicher wollten sie niemanden ausschließen, der vor Gericht schließlich freigesprochen werden würde.

Die Entscheidung

Da die Gemeinde die Situation bereits aus der Zeitung kannte, wussten die Ältesten, dass sie sich vor der Gemeinde dazu äußern mussten. Deshalb beschlossen die Ältesten Folgendes:

1. Sie würden erst das Gerichtsurteil abwarten, bevor sie eine formale Empfehlung äußerten.
2. Sie würden dies der Gemeinde mitteilen.
3. Sie würden die Gemeinde dazu aufrufen, in der Zwischenzeit für Joe und seine Familie zu beten und ihnen Liebe zu erweisen.
4. Sie würden Joe privat dazu ermutigen, weiter zum Gottesdienst zu kommen, jedoch auf die Teilnahme am Abendmahl freiwillig zu verzichten, falls er schuldig war. Sie gingen zwar davon aus, dass er diesen Rat ignorieren würde, wenn er wirklich schuldig war. Doch mussten sie diese Aufforderung jedenfalls aussprechen.

— 9 —

Das geknickte Rohr

Die Situation

Jill war bei einer alleinerziehenden Mutter aufgewachsen, die wechselnde Partner hatte, von denen mehrere Jill und ihre Mutter missbraucht hatten. Auch Jill hatte auf der Suche nach einer verlässlichen Vaterfigur schon in früher Jugend ein Muster entwickelt, in dem sie sich regelmäßig von ihren häufig wechselnden Sexualpartnern ausnutzen ließ. Sie entwickelte auch Gewohnheiten der Selbstverletzung und Bulimie.

Am College fand Jill Freunde in einer christlichen Gruppe, die sich augenscheinlich um sie kümmerten. Irgendwann begann sie sich als Christin zu bezeichnen und ließ sich taufen. In ihrer Gemeinde wurde das Evangelium gepredigt, aber meistens sehr seicht, und die Gemeinde bot wenig Verbindlichkeit. Die meisten Gottesdienstbesucher blieben anonym, so auch Jill. Bald fiel sie wieder in ihre alten Gewohnheiten der sexuellen Sünde und des Ritzens zurück.

Nach dem College begann sie in eine neue Gemeinde zu gehen, in der die Bibel treu gepredigt und Mitgliedschaft stark betont wurde. Sie wurde dort Mitglied. In dieser neuen Gemeinde hielt sie sich eher am Rand, schloss sich aber einer Kleingruppe mit anderen Frauen an, denen sie schon bald ihre Einsamkeit und – irgendwie zu ihrer eigenen Überraschung – auch ihre sexuellen Sünden bekannte.

Eines Tages kam sie in Begleitung einer Frau aus der Kleingruppe ins Büro des Pastors und bekannte unter Tränen, seit Monaten diverse sexuelle Aktivitäten gehabt zu haben.

Sollte Jill ausgeschlossen werden? Sollten ihr Hintergrund und ihre Situation in der Entscheidung eine Rolle spielen?

Die Beurteilung der Sünde

Allgemein betrachtet stellen außereheliche sexuelle Aktivitäten das Bekenntnis eines Christen in Frage, insbesondere wenn diese Aktivitäten so zur Gewohnheit und zum Lebensstil geworden sind wie bei Jill. Als sie frisch zum Glauben gekommen war, hatte sie eine leise Ahnung davon, dass das falsch war, aber in ihrer Gemeinde schien man Sünde nicht so ernst zu nehmen. Der Leiter der Studentengruppe machte gerne den einen oder anderen schlüpfrigen Witz, und von anderen Gruppenmitgliedern wusste man, dass auch sie keine Kinder von Traurigkeit waren. Solche Dinge nutzte Jill, um ihr eigenes Gewissen abzustumpfen.

Als sie sich der neuen Gemeinde anschloss, wuchs ihr Bewusstsein für ihre Heuchelei und Sünde. Doch die sexuellen Gewohnheiten und emotionalen Nöte waren hartnäckig. Das Ritzen befreite sie zeitweilig von ihren Schuldgefühlen, die sie wegen ihrer sexuellen Sünde hatte.

Die Beurteilung der Umkehrbereitschaft

So verstörend Jills sündige Verhaltensmuster waren, so ermutigend waren ihre ersten Schritte der Umkehr (Kap. 3). Erstens brachte sie die Sünde selbst ans Licht, ohne dabei ertappt worden zu sein. Zweitens hatte sie ihrer Kleingruppe davon erzählt und anschließend, obwohl sie sich in Grund und Boden schämte, einem Pastor, den sie nur flüchtig kannte und aus der Distanz respektierte. Drittens stimmte sie seiner Bitte zu, sich mit einer professionellen Beraterin der Gemeinde zu treffen. Viertens sagte sie, dass es ihr lieber wäre, wenn er den Ältesten nichts davon erzählen würde, dass sie es aber respektieren würde, wenn er es doch täte, weil sie wusste, dass er nur zu ihrem Besten handelte. In alledem gab es bei Jill keine Ausflüchte (Kap. 3). Sie schien aufrichtig betrübt über ihre Vergangenheit und voller Sehnsucht nach künftiger Veränderung.

Die Selbstverletzungen waren insofern problematisch, als sie ein dürftiges Verständnis vom Evangelium offenbarten. Doch ihre Entschlossenheit, sowohl das Ritzen als auch die sexuelle Sünde ans Licht zu bringen, was auch immer es sie kosten würde, sprach deutlich von ihrer Umkehr.

Weitere Faktoren

Jills familiärer Hintergrund spielte eine große Rolle in der Bewertung ihres Pastors. Hätte eine Frau, die in der Gemeinde und in einer gesunden Familie aufgewachsen ist und die aktiv in der Gemeinde mitwirkt, Sünde von solchem Ausmaß bekannt, hätte seine Beurteilung vermutlich anders ausgesehen.

Die Entscheidung

Der Pastor beschloss, die Situation dem gesamten Ältestenrat vorzulegen, jedoch nicht, um zu einem Ausschluss zu raten. Er erzählte Jills Geschichte, sowohl, um seine eigene Antwort überprüfen zu lassen und abzustimmen, als auch, um den Ältesten zu vermitteln, wie sie am besten für dieses geknickte Rohr sorgen sollen. Von formalen Ausschlussmaßnahmen wurde abgesehen.

— 10 —

Das »Passivmitglied«

Die Situation

Joe trat im Januar in die Gemeinde ein, kam ein halbes Jahr lang eher unregelmäßig zum Gottesdienst und blieb dann ganz weg. Als er noch zum Gottesdienst kam, erschien er gewöhnlich zu spät, ging schon vor Ende des Gottesdienstes und knüpfte nie irgendwelche Kontakte. Einer der Ältesten schaffte es, im Februar mit ihm essen zu gehen, und versuchte, weitere Treffen zu arrangieren. Doch Joe sagte stets in letzter Minute ab, meistens so: »Auf der Arbeit ist gerade etwas dazwischengekommen. Tut mir leid!« In der Gemeinde schien niemand sonst Joe zu kennen.

Im September bemerkte der Älteste, dass er Joe seit Juni nicht mehr in der Gemeinde gesehen hatte und rief ihn an. Er hinterließ eine Nachricht auf dem Anrufbeantworter und ein paar Wochen später noch eine und schrieb auch eine E-Mail. Keine seiner Nachrichten wurde beantwortet. Mehrere Monate verstrichen, ohne dass jemand Joe gesehen oder von ihm gehört hätte. Der Älteste sprach noch ein oder zwei Mal auf den Anrufbeantworter, dann berichtete er den anderen Ältesten davon. Zwei von ihnen erklärten sich bereit, anzurufen oder zu mailen. Einige Ältestensitzungen waren sich alle einig, dass sie Joe seit über acht Monaten weder gesehen noch gehört hatten.

Sollte Joe von der Gemeinde ausgeschlossen werden? Wenn ja: aufgrund welcher Sünde?

Die Beurteilung der Sünde

Joes Sünde lässt sich auf verschiedene Weise beschreiben. Man könnte sagen, dass er gegen seinen Bund mit der Gemeinde verstößt, in dem er versprochen hat, für seine Ortsgemeinde ein verantwortungsvolles Mitglied zu sein. Oder man könnte sagen, dass er behauptet, Gott zu lieben, während er seine Geschwister in der Gemeinde hasst, indem er sie komplett ignoriert (1Joh 4,20-21). Aber vielleicht am konkretesten lässt sich sagen, dass Joe dem Gebot von Hebräer 10,24-25 ungehorsam war, wo es heißt:

> Lasst uns aufeinander achtgeben, damit wir uns gegenseitig anspornen zur Liebe und zu guten Werken, indem wir unsere eigene Versammlung nicht verlassen, wie es einige zu tun pflegen, sondern einander ermahnen, und das um so mehr, als ihr den Tag herannahen seht!

Der Verfasser des Hebräerbriefs fordert hier die Christen auf, sich regelmäßig zu treffen, damit sie einander ermutigen und zur Liebe und zu guten Taten anreizen können, was im Prinzip den beiden oben genannten Punkten entspricht. Als Antrieb dafür weist der Verfasser auf den kommenden Tag des Gerichts hin. Mit anderen Worten: Er nimmt diese Sünde sehr ernst.

Die Sünde des Fernbleibens von der Gemeinde ist nicht annähernd so offensichtlich wie zum Beispiel Ehebruch. Dennoch ist es eine Sünde, die oft andere Sünden zu verbergen versucht, auf jeden Fall aber zu anderen Sünden führt. Darüber hinaus sind Länder wie die USA voller Namenschristen, die dem Evangelium Unehre bereiten, weil die Gemeinden mit ihren »Passivmitgliedern« unverantwortlich umgehen.

Dazu kommt, dass durch ein solches Fernbleiben die Gemeinde unmöglich ihrer Verantwortung gerecht werden kann, wenn Gemeindemitgliedschaft bedeutet, dass die Gemeinde öffentlich das christliche Bekenntnis einer Person bestätigt. Die Gemeinde kann dann nicht länger aufrichtig behaupten, das Glaubensleben eines Menschen zu beaufsichtigen. Deshalb bringt hier ein Gemeindeausschluss Klarheit in die Sache. Die Gemeinde sagt damit: »Wir können für diese Person nicht mehr garantieren. Deshalb werden wir ihr Bekenntnis, Christ zu sein, nicht länger formal bestätigen« (Kap. 2).

Die Beurteilung der Umkehrbereitschaft

Da Joe nicht auf die Anrufe und E-Mails der Ältesten reagierte, gab es keine Möglichkeit, die Früchte seiner Umkehr zu beurteilen – außer der Feststellung, dass es keine gab.

Die Entscheidung

Die Ältesten beschlossen, dennoch erst einmal keinen sofortigen Gemeindeausschluss zu beantragen. Stattdessen legten sie den Fall der Gemeinde vor, wie in Matthäus 18 vorgesehen (Kap. 1). Auf der nächsten Gemeindeversammlung nannten sie der Gemeinde Joes Namen und erklärten, dass sie, falls sich auch weiterhin nichts änderte, auf der nächsten Mitgliederversammlung in zwei Monaten aufgrund seines Nichterscheinens den Gemeindeausschluss beantragen würden. Sie forderten alle diejenigen auf, die mit Joe in Kontakt standen, ihn anzurufen oder eine E-Mail zu schreiben. Gleichzeitig ergriffen die Ältesten die Gelegenheit, die Gemeinde darüber zu lehren, warum die Teilnahme am Gottesdienst so wichtig ist.

Sie verschoben den Antrag auf Gemeindeausschluss um zwei Monate. Dafür konnten sie mindestens fünf Gründe anführen (Kap. 4):

Erstens hatten sie gemäß der Logik aus Matthäus 18 auf diese Weise mehr Zeit, Joes Umkehrbereitschaft zu prüfen.

Zweitens gab es Joes Freunden – falls es welche gab, die die Ältesten nicht kannten – die Gelegenheit, sich daran zu beteiligen, Joe zur Umkehr zu bewegen.

Drittens nahm es der Sache den Schockfaktor, von dem Anträge auf sofortigen Gemeindeausschluss unvermeidlich begleitet werden. Diesen Schock gebraucht der Satan oft, um in jüngeren und unreiferen Gemeindemitgliedern das Vertrauen in ihre Leitung zu untergraben.

Viertens war es eine letzte Maßnahme, dieses verlorene Schaf zu finden.

Und fünftens gab es der Gemeinde die Möglichkeit, gemeinsam für Joe zu beten.

Zwei Monate später hatte immer noch niemand von Joe gehört. Folglich beantragten die Ältesten den Gemeindeausschluss, dem die Gemeinde einstimmig zustimmte.

— 11 —

Das treu mitarbeitende, aber spaltende Nichtmitglied

Die Situation

Jill und ihr Mann gingen seit zwanzig Jahren in ihre Gemeinde. Den Großteil dieser Zeit hatte die Gemeinde keine formale Mitgliedschaft praktiziert und weder Jill noch ihr Mann waren je beigetreten. Dennoch waren beide aktiv in Dinge von der Organisation von Frauenfrühstückstreffen bis hin zum Kindergottesdienst involviert. Und sie verpassten nur selten einen Gottesdienst.

Jill war zudem eine rege Klatschtante. Sie war scheinbar immer die erste, die bei anderen über Eheprobleme, finanzielle Schwierigkeiten und Probleme mit aufsässigen Teenagern Bescheid wusste.

Als ein neuer Pastor bei Amtsantritt eine gründlichere Handhabung der Gemeindemitgliedschaft einführte, folgte ihm der größte Teil der Gemeinde bereitwillig, jedoch nicht Jill und ihr Mann. Ihnen behagte der Gedanke nicht, gezwungenermaßen etwas zu unterschreiben, was ihr Christsein betraf. Sie argumentierten: »Die Gemeinde ist doch eine Familie! Wer verlangt schon von Familienmitgliedern, dass sie ein Formular unterschreiben, das besagt, dass sie Teil einer Familie sind?«

Über die Jahre hinweg führte der neue Pastor noch weitere Veränderungen ein, die Jill und ihrem Mann nicht gefielen, zum Beispiel die Bedingung, dass nur Gemeindemitglieder im Kindergottesdienst mitarbeiten oder andere Bereiche leiten können. Das Paar hegte eine wachsende Abneigung, insbesondere Jill.

Eines Tages sah Jill den Pastor in einem hinteren Winkel des örtlichen Supermarktes mit einer attraktiven jungen Frau sprechen. Es war weder seine Frau noch seine Tochter. Jill meinte aus der Entfernung zu sehen, wie er die Frau an der Schulter berührte und sie daraufhin aufschrie oder kicherte. Sie war sich nicht sicher. Aber sie erzählte ihren Freundinnen, sie mache sich Sorgen um den Pastor, der vielleicht eine Affäre hatte und Gebet brauchte. Das Gerücht zog Kreise und erreichte schließlich die Ältesten.

Zunächst wollte Jill die Sache nicht direkt mit dem Pastor oder den anderen Ältesten besprechen. Doch als zwei Älteste sie aufforderten, nicht weiter Gerüchte zu streuen und sich bei ihren Freundinnen zu entschuldigen, beschloss sie, den Pastor und seine Frau offen zur Rede zu stellen. Zu diesem Zeitpunkt war Jill bereits der festen Meinung, dass er tatsächlich eine Affäre hatte. Die Ältesten fragten sie, ob sie einen weiteren Zeugen vorweisen könne, um ihre Behauptung zu belegen (1Tim 5,19). Das konnte sie nicht, weigerte sich aber dennoch nachzugeben. Als die Ältesten Jill vor der Möglichkeit warnten, sie aufgrund von übler Nachrede und dem Säen von Zwietracht aus der Gemeinde auszuschließen, sagte sie, dass sie keine Vollmacht besäßen, sie auszuschließen, da sie gar kein Gemeindemitglied war.

Kann eine Gemeinde ein Nichtmitglied ausschließen? Aufgrund welcher Kriterien kann man beschließen, dass die üble Nachrede und Spalterei einer Person zu weit gehen und sanktioniert werden müssen?

Die Beurteilung der Sünde

Aufgrund dieser Indizien hatte sich Jill mindestens dreier Sünden schuldig gemacht: üble Nachrede, das Säen von Zwietracht und die Weigerung, sich den Ältesten unterzuordnen. Jesus und die Apostel bezeichnen üble Nachrede als böse und fordern die Christen auf, sie abzulegen (Mt 15,19; Eph 4,31; 1Petr 2,1). Schließlich kann sie den Ruf und möglicherweise sogar die Lebensgrundlage eines christlichen Bruders oder einer Schwester vernichten und erzeugt Uneinigkeit in der Gemeinde. Paulus sagt, dass jemand, der Spalterei betreibt, zweimal gewarnt und dann ausgeschlossen werden soll (Tit 3,10). Dieses Säen von Zwietracht wird in der Tat sehr ernst genommen. Und schließlich schreibt die Bibel den Christen vor, dass sie sich ihren Leitern unterordnen sollen (Hebr 13,17).

Jills Anschuldigungen gründeten auf dem Vorfall im Supermarkt und ein oder zwei weiteren belanglosen Kleinigkeiten. Dennoch gingen zwei Älteste im Stillen der Sache nach und stellten fest, dass die Anschuldigungen völlig aus der Luft gegriffen waren. Sie baten Jill bei mindestens vier Gelegenheiten, ihre Behauptungen zu unterlassen, doch sie weigerte sich.

Die Beurteilung der Umkehrbereitschaft

Nach sechs bis acht Wochen, in denen immer wieder Gespräche geführt wurden, wurde deutlich, dass Jill nicht nachgeben würde. Tatsächlich schien sie mit jedem Gespräch in ihrer Haltung noch hartnäckiger zu werden und begann, ihre Berichte von ihren »Supermarkt-Beobachtungen« weiter auszuschmücken. Die Freundinnen, die ursprünglich ihre Sorgen um den Pastor teilten, begannen sich von ihr zurückzuziehen. Dies schien sie noch zusätzlich zu verärgern, sodass sie sich auf der Suche nach Verbündeten nun jüngeren, unreiferen Mitgliedern zuwandte.

Kurz gesagt sprachen Jills langjähriges Engagement und ihr Dienst in der Gemeinde dafür, dass Jill Christin war. Doch die Ereignisse der letzten Monate schienen dem zu widersprechen (Kap. 3). Die Ältesten waren sich einig, dass sie alle drei oben genannten Sünden begangen hatte und dass es absolut keine Hinweise auf eine Umkehrbereitschaft gab. Die Frucht war böse und wurde immer noch böser.

Weitere Faktoren

Der komplizierte Faktor in dieser Situation war der, dass Jill kein Gemeindemitglied war. Theoretisch hatte sie Recht: Sie hatte sich nie formal der Autorität der Gemeinde unterstellt, weshalb die Gemeinde auch keine formale Autorität besaß, sie auszuschließen (Kap. 2 und 3).

Gleichzeitig war sie durch ihre langjährige Gemeindeerfahrung bei vielen bekannt und beliebt. Außerdem gingen viele Leute einfach davon aus, dass sie Mitglied war. Manche fühlten sich ihr gegenüber aufgrund der Art und Weise, wie Jill sich um sie gekümmert hatte, sogar zu Dank verpflichtet, so zum Beispiel die jungen Mütter, denen sie Essen gekocht hatte. In gewissem Sinne war sie so, wie ein Gemeindemitglied sein sollte – bis auf ihre Sünde. Die Summe aus Gottesdienstbesuch, Beziehungen und Teilnahme am Abendmahl bezeugte Gemeindemitgliedern ebenso wie Außenstehenden, dass die Gemeinde ihr Bekenntnis, Christ zu sein, bestätigte.

Die Entscheidung

Üble Nachrede und das Säen von Zwietracht lassen sich nur schwer messen, doch die Ältesten beschlossen aufgrund von mehreren Kriterien, dass ihr Handeln so zu bewerten sei:

- Sie setzte Behauptungen in die Welt, die sie weder durch Indizien noch durch weitere Zeugen belegen konnte.
- Sie weigerte sich, mit ihren Anschuldigungen aufzuhören, obwohl sie darum gebeten wurde.
- Sie verleitete andere Mitglieder dazu, die Gemeindeleitung in Frage zu stellen, den Ältesten zu misstrauen oder sie sogar zu kritisieren.
- Sie rekrutierte aktiv weitere Mitstreiter.
- Ihr Handeln war zu einem spürbaren Störfaktor im Leben der Gemeinde geworden. Es war oft Thema in Gesprächen der Mitglieder untereinander. Ihr Treiben nahm viel Zeit der Ältesten in Anspruch. Und Gemeindemitglieder sagten, dass es sie vom Zuhören bei den Predigten ablenkte.

So entschieden die Ältesten, dass die Frau als »Wölfin« zu gelten habe und dass die Hirten der Gemeinde in der Bibel klar angewiesen sind, die Herde vor Wölfen zu warnen – seien es Mitglieder oder nicht (Apg 20,28-31; vgl. 2Petr 2; Offb 2,20-29). Deshalb wurde sie unter vier Augen ermahnt, sich vom Abendmahl fernzuhalten, bis sie öffentlich Buße getan hat, und die Ältesten warnten auf einer Mitgliederversammlung die Gemeinde vor ihrer üblen Nachrede und Spalterei. Sie forderten die Gemeinde auch auf, sie nicht wie eine Christin zu behandeln und sich nicht von ihrer irreführenden und destruktiven Haltung hinters Licht führen zu lassen.

Da sie kein Mitglied war, beschlossen die Ältesten, weder formale Handlungen einzuleiten noch das Wort »Gemeindeausschluss« zu verwenden (Kap. 2). Stattdessen teilten sie der Gemeinde mit, dass das Handeln der Ältesten als Lehre und Warnung zu verstehen sei, wozu sie kraft ihres Amtes als Aufseher befugt waren (Apg 20,28-31).

— 12 —

Dem Gemeindeausschluss durch Austritt zuvorkommen

Die Situation

Joe beschloss, sich nach zwanzig Jahren Ehe von seiner Frau scheiden zu lassen. Er hatte finanziell gut vorgesorgt, was sich zunehmend in seinen Anschaffungen zeigte. Auf seinen Scheidungswunsch hin angesprochen meinte er, dass er und seine Frau sich »unwiederbringlich auseinandergelebt« hätten und dass sie »bloß noch den Wohnsitz gemeinsam« hätten. Joes Frau bestätigte traurig diese Aussage, wollte aber die Scheidung nicht.

Mehrere von Joes Freunden baten ihn, nicht weiter auf eine Scheidung hinzuarbeiten. Schließlich zogen sie einen der Pastoren hinzu, der im Laufe eines knapp einstündigen Gesprächs einmal das Wort »Gemeindezucht« verwendete. Eine Woche später teilte Joe der Gemeinde per Brief seinen Austritt mit. Gleichzeitig reichte er alle nötigen Papiere für die Scheidung ein.

Sollte Joe aus der Gemeinde ausgeschlossen werden? Kann ein Gemeindemitglied der Gemeindezucht dadurch aus dem Weg gehen, dass es seine Mitgliedschaft kündigt?

Die Beurteilung der Sünde

Christen sind geteilter Meinung darüber, ob Jesus und Paulus die Scheidung aufgrund von Untreue und Verlassenwerden erlauben (vgl. Mt 19,9; 1Kor 7,15), doch die meisten Christen sind sich einig, dass die von Joe genannten Gründe keine rechtmäßige Grundlage für eine Scheidung sein können. Solches Handeln wäre eine Verletzung des von Gott gestifteten Ehebundes und folglich Sünde.

Des Weiteren wäre eine solche Sünde, besonders, wenn sie angesichts mehrerer Warnungen weiter betrieben wird, eine klare, bewusste, vorsätzliche Handlung. Sie würde das christliche Bekenntnis der betreffenden Person sofort unglaubwürdig machen.

Die Beurteilung der Umkehrbereitschaft

In einem solchen Fall wäre eine Umkehr ziemlich klar definiert: indem der Betreffende einfach aufhört, weiter auf eine Scheidung hinzuarbeiten. Doch Joe ließ keine Anzeichen erkennen, dass er von seinem Handeln ablassen würde.

Weitere Faktoren

Joe wollte einem Gemeindeausschluss entgehen, indem er selbst aus der Gemeinde austrat. War das legitim? Nein. Christen sind durch ihren Gehorsam gegenüber Christus dazu berufen, sich der Bestätigung und Aufsicht einer Ortsgemeinde unterzuordnen (Kap. 2). Menschen treten durch Zustimmung einer Gemeinde bei und treten auch mit deren Zustimmung wieder aus. Das heißt, dass man nicht einfach in eine Gemeinde gehen und sagen kann: »Ich bin jetzt hier Mitglied.« Gemeinden jeglicher Organisation haben bestimmte Verfahren, nach denen sie das Glaubensbekenntnis einer Person prüfen und schließlich bestätigen. Aus genau diesem Grund gab Jesus der apostolischen Gemeinde die Schlüssel des Reiches Gottes. Eine Gemeindemitgliedschaft ist insofern »freiwillig«, als dass Jesus uns nicht verpflichtet, in die eine Gemeinde lieber einzutreten als in die andere, doch er verpflichtet uns durchaus dazu, *dass* wir uns einer Gemeinde anschließen. So, wie jemand sich nicht selbstständig zum Mitglied erklären kann, kann er auch nicht selbstständig austreten. Ein Gemeindemitglied kann der Drohung mit Gemeindezucht nicht mit einem Austritt zuvorkommen (Kap. 2), denn die Beendigung dieser bundesähnlichen Beziehung bedarf der Zustimmung beider Parteien.[7] Eine solche Handlung zuzulassen, würde genau den Zweck untergraben, zu dem Jesus der Ortsgemeinde die Schlüssel des Reiches Gottes zur Ausübung von Gemeindezucht gegeben hat. Das wäre so, als würde man einem inhaftierten Kriminellen gestatten, seine Staatsangehörigkeit zurückzugeben, um einem Gerichtsverfahren und einer Verurteilung zu entgehen.

Die Entscheidung

Die Ältesten beschlossen, dass sie die Gemeinde nicht auffordern würden, Joes Austritt stattzugeben. Stattdessen beantragten sie vor der Gemeinde Joes Gemeindeausschluss aufgrund seiner Scheidung. Da Joes Handeln auch nach zahlreichen Warnungen auf eine charakterliche Unbußfertigkeit hinwies und inzwischen seine Scheidungsabsicht auch juristisch feststand, baten sie die Gemeinde, Joe sofort auszuschließen (Kap. 3 und 4). Die Gemeinde stimmte per Wahl zu, Joe von der Gemeindemitgliedschaft und vom Abendmahl auszuschließen.

---

7 Dieses Thema wird ausführlicher behandelt in meinem Artikel *The Preemptive Resignation – A Get Out of Jail Free Card?*, 9Marks, Nov/Dez 2009, https://9marks.org/article/preemptive-resignation-get-out-jail-free-card.

— 13 —

Die neuerdings Ungläubige

Die Situation

Jill kam aus einer nichtreligiösen Familie. Sie studierte Philosophie und bezeichnete sich selbst als Agnostikerin. Dann wurde sie zur Deistin, flirtete kurz mit dem Zen-Buddhismus, verliebte sich dann in einen Christen und beschloss, selbst Christin zu werden. Nach dem Studium heiratete das Paar und schloss sich einer Gemeinde an.

Nach fünf Jahren Ehe begann Jill ihren Glauben zu hinterfragen und kam schließlich zu dem Schluss, dass Jesus, falls er überhaupt eine historische Figur war, auf keinen Fall von den Toten auferstanden sein konnte. Nach mehreren Gesprächen mit einem Ältesten über ihre Zweifel kam sie für sich zu dem Entschluss, dass sie am besten dem Glauben absagen, aus der Gemeinde austreten und sich nicht länger als Christin bezeichnen sollte.

Sollte eine Gemeinde eine Person ausschließen, die sich nicht mehr zum Christentum bekennt?

Die Entscheidung

Nachdem Jill ihre Entscheidung getroffen hatte, warnte der Pastor sie und drängte sie zur Umkehr, doch weder empfahl er den anderen Ältesten den Gemeindeausschluss noch empfahlen die Ältesten diesen der Gemeinde. Stattdessen gaben sie bekannt, dass Jill den Glauben aufgegeben hatte und sich nun als Nichtgläubige bezeichnete und dass sie ihren Namen von der Mitgliederliste streichen würden – nicht als Akt der Gemeindezucht, sondern auf ihren eigenen Wunsch hin.

Ihre Begründung lautete folgendermaßen: Jesus hat der Ortsgemeinde die Autorität über Christen, aber nicht über Nichtchristen verliehen (Kap. 2). Folglich besitzt die Gemeinde hier keine echte Autorität mehr. Darüber hinaus sagt Paulus, dass das Urteil der Gemeinde demjenigen gilt, »der sich Bruder nennen lässt« (1Kor 5,11), was auf Jill nicht mehr zutraf.

Sicher gibt es viele Situationen, in denen es um schwerwiegende lehrmäßige Abweichungen und Abfall geht, die einen Gemeindeausschluss erfordern würden, wie Paulus Timotheus erklärt (1Tim 1,18-20). Und bestimmt sind die ewigen Auswirkungen von Jills Entscheidung nicht weniger schlimm als jene, die Paulus für diejenigen kommen sieht, die »den Glauben und ein gutes Gewissen« ablehnen und dadurch im Glauben Schiffbruch erleiden (V. 19). Dennoch spricht Paulus in seinem Brief an Timotheus von aktiver Gotteslästerung (V. 20), die per Definition schon fast dem Versuch entspricht, aktiv andere Gemeindemitglieder irrezuführen. Jills Situation entsprach dem aber nicht.

Deshalb beschlossen die Ältesten, gegenüber der Gemeinde nichts zu unternehmen. Schließlich wird auch nichts unternommen, wenn ein Gemeindemitglied stirbt. In beiden Fällen läuft die Mitgliedschaft sozusagen einfach aus. Die Ältesten wiesen die Gemeinde an, den Kontakt zu Jill auf freundschaftlicher Ebene zu halten und sie wie jede andere Nichtchristin weiterhin einzuladen und ihr das Evangelium nahe zu bringen.

— 14 —

Das Familienmitglied

Die Situation

Joes Frau war aufgrund ihrer Spielsucht vor Kurzem aus der Gemeinde ausgeschlossen worden (siehe das Fallbeispiel in Kapitel 7). Joe war mit der Entscheidung der Gemeinde einverstanden. Doch anschließend entdeckte er beim Bibellesen Paulus' Aussage: »mit einem solchen sollt ihr nicht einmal essen« (1Kor 5,11).

Joes Frau war von der Entscheidung der Gemeinde tief getroffen und fühlte sich von Joe abgelehnt, weil er diese Entscheidung mittrug. Doch weder sie noch er hatten vor, einander zu verlassen (vgl. 1Kor 7,12-14). Nun fragte er sich, wie er es vermeiden sollte, mit ihr zu essen.

Wie sollte ein Familienmitglied eine Person behandeln, die von der Gemeinde ausgeschlossen wurde?

Die Entscheidung

In einem Gespräch unter vier Augen erklärte ein Ältester Joe, dass er von der Bibel her auch weiterhin dazu verpflichtet sei, seine Frau zu lieben, ihr zu dienen und für sie zu sorgen (vgl. 1Kor 7,14-15; Eph 5,25-30). Der Älteste erklärte die Unterscheidung zwischen der Institution der Ehe, die in den Bereich der Schöpfung und allgemeinen Gnade gehört, und der Institution der Ortsgemeinde, die in den Bereich der erlösenden, speziellen Gnade gehört. Die Tatsache, dass Joes Frau von der Gemeinde ausgeschlossen worden war, hob nicht seine ehelichen Pflichten auf.

Im Allgemeinen, so der Älteste, sollen die Familienmitglieder einer ausgeschlossenen Person auch weiterhin ihren in der Bibel gebotenen familiären Pflichten nachkommen (z. B. Eph 6,1-3; 1Tim 5,8). Dazu gehört auf jeden Fall das gemeinsame Essen von Eltern und Kindern ebenso wie von Mann und Frau.

Dennoch lag durch den Gemeindeausschluss eine neue Last auf Joe, wie er nun mit seiner Frau umgehen sollte. Paulus hat mindestens drei Ziele im Blick, wenn er die Gemeindemitglieder auffordert, nicht mit ausgeschlossenen Mitgliedern zu essen: Erstens, um Christen vor dem Sauerteig der Sünde zu bewahren, zweitens, um Ausgeschlossene vor dem Denken zu bewahren, dass die Gemeinde sie für gläubig hält, und drittens, um das Zeugnis der Gemeinde in der Gesellschaft zu bewahren. Zur Zeit der ersten Christen bedeutete ein gemeinsames Mahl mit einer Person das Anbieten von Gemeinschaft, Fürsorge und Schutz (weshalb auch die religiösen Führer Jesus dafür kritisierten, dass er mit Zöllnern und Sündern aß). Und Paulus wollte nicht, dass sich Gemeindemitglieder *auf irgendeine Weise* mit ausgeschlossenen Mitgliedern abgeben, die diese Form der christlichen Gemeinschaft vermittelt.

Ebenso sollte nun auch Joe darin ein Gleichgewicht anstreben, einerseits seine Liebe zu seiner Frau auch im romantischen Sinn zu wahren und ihr bis zum Äußersten zu dienen, andererseits aber auch darauf zu achten, dass er nichts sagte oder tat, woraus sie ableiten könnte, dass er sie für eine Christin hielt. Stattdessen sollte er sie weiterhin dazu ermutigen, umzukehren und zum Glauben zurückzufinden.

TEIL 3

ERSTE SCHRITTE IN DIE PRAXIS

— 15 —

Erst lehren, dann Zucht ausüben

Mark Dever, ein erfahrener Pastor und bekannter Verfechter von Gemeindezucht, beginnt einen Artikel zum Thema Gemeindezucht mit den überraschenden Worten: »Tut es nicht!« Das ist auch das erste, was ich Pastoren sage, wenn diese feststellen, dass die Bibel von Gemeindezucht spricht. Ich sage: »Tut es nicht! Wenigstens jetzt noch nicht.«[8]

Warum beginnt jemand wie Mark Dever, für den Gemeindezucht zu den Kennzeichen einer gesunden Gemeinde gehört, mit einem solchen Ratschlag? Dever stellt sich einen Pastor vor, der zum ersten Mal von Gemeindezucht hört. Zuerst findet der Pastor den Gedanken lächerlich. Doch dann liest er alle Bibelstellen dazu und wird langsam selbst überzeugt davon. Er merkt, dass er nachlässig gewesen ist. Er hat bisher weder die Gemeinde gehütet noch den Ruf Christi bewahrt. Er hat weder seine Gemeindemitglieder noch deren nichtchristliche Nachbarn wirklich geliebt. Das schlechte Gewissen weicht wilder Entschlossenheit und der Pastor will rasch zur Tat schreiten. Dever schreibt weiter:

> An diesem Punkt setzt oft eine trotzige Entschlossenheit ein. »Ich werde diese Gemeinde jetzt im biblischen Sinn führen, koste, was es wolle!« Und allzu oft kostet es ihn dann auch seinen Posten in der Gemeinde.
>
> In das friedliche, wohlgesinnte Leben einer aufrichtigen, bibelgläubigen Gemeinde fährt plötzlich der Blitz der Gemeindezucht! Es kann in einer Predigt geschehen, in einem

8 Mark Dever, »Don't Do It!! Why You Shouldn't Practice Church Discipline«, 9Marks, Nov/Dez 2009, https://9marks.org/article/dont-do-it-why-you-shouldnt-practice-church-discipline.

> Gespräch zwischen Pastor und Diakon, in einem hastig aufgesetzten Antrag auf einer Gemeindeversammlung. Doch irgendwo schlägt der Blitz ein, gewöhnlich begleitet von großer Ernsthaftigkeit und einem Schwall von Bibelzitaten.
>
> Jetzt ist man zur Tat geschritten.
>
> Und die Reaktion folgt alsbald: Missverständnisse und Verletzungen sind das Ergebnis. Es erfolgen Gegenangriffe. Sünde wird angeprangert und verteidigt. Es werden Namen genannt. Der Ton wird schärfer. Der Wohlklang der Ortsgemeinde wird zu einem Missklang von Streitigkeiten und gegenseitigen Anklagen. Die Menschen rufen: »Wo soll das denn noch hinführen?«, und: »Du hältst dich also für perfekt?!«[9]

Die Moral von der Geschicht' ist natürlich die, dass erst eine Reihe vorbereitender Schritte zu gehen sind, bevor ein Pastor konkret Gemeindezucht ausüben kann. In diesem Kapitel werden wir darüber nachdenken, was Pastoren lehren müssen. Im darauffolgenden Kapitel wird es dann um organisatorische Dinge gehen, für deren Vorhandensein zu sorgen ist.

Über Heiligung und Umkehr lehren

Wenn der Gedanke der Gemeindezucht einer Gemeinde überhaupt einen Sinn ergeben soll, muss diese zunächst eine solide Auffassung vom Evangelium und davon haben, was es heißt, Christ zu sein, wie bereits im Vorwort und Kapitel 2 besprochen. Christsein ist mehr als eine einmalige Entscheidung. Es geht hier um Glauben und Umkehr, die ganz neue Entscheidungsmuster mit sich bringen. Beim Christsein geht es darum, sich Christus als dem Herrn unterzuordnen.

Gott möchte, dass sein Volk anders aussieht als die Welt. Er möchte, dass es ein heiliges Leben führt und Krieg gegen die

9 Ebenda.

Sünde führt. Das heißt Umkehr. Umkehr heißt nicht, dass ein Mensch aufgehört hat zu sündigen, sondern dass er der Sünde den Krieg erklärt hat. Eine Gemeinde muss dies begriffen haben, bevor man von ihr erwarten kann, Gemeindezucht zu verstehen.

Über Mitgliedschaft lehren

Eine Gemeinde wird erst dann bereit sein, jemanden aus der Gemeinde auszuschließen, wenn sie begriffen hat, dass es ein Drinnen und ein Draußen gibt. Die Bibel spricht sehr klar davon: Es gibt diejenigen, die »Glieder« am Leib Christi sind (1Kor 12,27), und solche, die »außerhalb« sind (1Kor 5,12). Solange eine Gemeinde dies nicht begriffen hat, klingt die Vorstellung, jemanden »nach draußen zu befördern«, ziemlich lächerlich.

Genauer gesagt muss eine Gemeinde begreifen, dass die Mitgliedschaft in einer Gemeinde nicht dasselbe ist wie die Mitgliedschaft in einem Verein oder einer anderen Organisation. Hier geht es um das Bürgerrecht in einem Reich, in dem wir von der örtlichen Repräsentantin, der Ortsgemeinde, als Botschafter anerkannt sind. Einzelne Christen besitzen keine Autorität, sich nach ihrer Bekehrung vor die Welt zu stellen und zu sagen: »Hallo Welt, ich gehöre zu Jesus!«, indem sie sich selbst taufen und sich selbst das Abendmahl austeilen. Diese Autorität hat nur die Gemeinde, da ihr die Schlüssel übertragen sind.

Gemeindemitgliedschaft ist die öffentliche Bestätigung der Gemeinde, dass eine Person an Christus glaubt, und es ist die persönliche Entscheidung dieser Person, sich der Aufsicht der Gemeinde zu unterstellen. Wenn Ihre Gemeinde das zu begreifen beginnt, dann wird der Gedanke der Gemeindezucht gleich viel mehr Sinn ergeben.

Dies wird den Menschen auch helfen zu begreifen, warum sie keine Autorität besitzen, ihre Mitgliedschaft einfach zu beenden, wenn ihnen Gemeindezucht droht. Menschen treten kraft der Autorität einer Gemeinde dieser bei und sie verlassen diese auch nur kraft deren Autorität.

Tatsächlich lässt sich so gut wie jeder Bibeltext über Heiligung, Umkehr, Bekehrung, Herrschaft und Jüngerschaft – ganz zu schweigen von den Texten über die großen Themen der Heilsgeschichte wie zum Beispiel Israels Grenzsteine oder die Verbannung – leicht auf das Thema Gemeindezucht anwenden.

Pastoren sollten die Gemeinde auch über das Ziel der Gemeindezucht lehren. Gemeinden sollen Gemeindezucht nicht als Vergeltung, sondern aus der Liebe des Evangeliums heraus üben. In Kapitel 1 haben wir festgestellt, dass Gemeindezucht der Offenlegung von im Geheimen wuchernder Sünde, der Warnung vor dem größeren Gericht, der Rettung des Sünders, dem Schutz der anderen Gemeindemitglieder und dem guten Zeugnis für Christus dient – das sind alles Liebestaten.

Über Liebe lehren

Bei Gemeindezucht geht es also grundlegend um Liebe. Der Herr züchtigt die, die er liebt (Hebr 12,6). Dasselbe gilt auch für seine Gemeinde.

Das Problem ist, dass heute die meisten Menschen eine allzu sentimentale Auffassung von Liebe haben: Liebe als die Gabe, sich als etwas Besonderes zu fühlen. Oder sie haben eine allzu romantische Auffassung von Liebe: Liebe als die Möglichkeit, sich selbst auszudrücken, ohne dafür kritisiert zu werden. Oder sie haben eine konsumorientierte Auffassung: Liebe als das Finden des perfekten Gegenübers. Im populären Denken hat Liebe wenig mit Wahrheit, Heiligkeit und Autorität zu tun.

Aber das ist nicht die Liebe, von der in der Bibel die Rede ist. In der Bibel ist Liebe heilig. Sie fordert. Sie schenkt Gehorsam. Sie freut sich nicht an der Ungerechtigkeit, sondern freut sich an der Wahrheit (1Kor 13,6).

Jesus sagt: Wenn wir seine Gebote halten, bleiben wir in seiner Liebe (Joh 15,10). Und Johannes sagt: Wenn wir sein Wort halten, dann ist in uns die Liebe Gottes vollkommen geworden (1Joh 2,5). Wie helfen sich die Gemeindemitglieder gegenseitig, in der Liebe Christi zu bleiben und in jedem Gemeindeglied die Vollkommenheit von Gottes Liebe zu sehen? Indem sie einander helfen, sein Wort zu halten und ihm gehorsam zu sein. Durch Lehre und Korrektur.

Eine Gemeinde, die diese Auffassung von biblischer Liebe hat, hat eine viel größere Chance, Gemeindezucht zu begreifen.

— 16 —

Erst organsisieren, dann Zucht ausüben

Oft gehört mehr als Lehre dazu, eine Gemeinde darauf vorzubereiten, Gemeindezucht zu praktizieren. Auch strukturelle Veränderungen können dazu gehören. Ich möchte besonders auf vier organisatorische Aspekte hinweisen:

Eine solide schriftliche Gemeindeordnung

Manche Gemeinden haben eine schriftliche Satzung, andere ein Glaubensbekenntnis, wieder andere eine Gemeindevereinbarung. Was auch immer eine Gemeinde hat: In einem westlichen Kontext sollte eine Gemeinde im Interesse ihrer Mitglieder darauf achten, dass in den entsprechenden Dokumenten erläutert wird, 1.) was von den Mitgliedern hinsichtlich ihres Glaubens und Verhaltens erwartet wird, 2.) wie die Autoritätsstrukturen der Gemeinde funktionieren, 3.) wie die Aufnahme neuer Mitglieder und die Entlassung von Mitgliedern unter normalen Umständen abläuft und 4.) wie bei besonderen Umständen Gemeindezucht praktiziert wird.

Es ist ein Akt der Freundlichkeit, Menschen wissen zu lassen, an welchen Normen ihr Verhalten gemessen wird, bevor wir an ihnen Gemeindezucht üben. Ein Glaubensbekenntnis wird ihnen sagen, was sie glauben sollen. Eine Satzung sagt ihnen, wie Mitgliedschaft und Gemeindezucht gehandhabt werden.

Solche Dokumente fördern auch die Einheit. Gemeinsam vereinbarte Dokumente ersparen der Gemeinde bei Meinungsverschiedenheiten Streitigkeiten über die Methoden und Regeln.

in Nahost als Hauptpastor. Bei seinem Amtsantritt kamen 600 Menschen zum Gottesdienst, aber es waren keine wirklichen Mitgliederlisten geführt worden. Alles, was es gab, war eine alte Telefonliste mit ungefähr hundert Namen. Mir gegenüber fasste er die Situation mit den Worten zusammen: »Wir wussten gar nicht, wer wir sind.« Weder er noch jemand anderes wusste, wer zugestimmt hatte, der Gemeinde gegenüber zur Rechenschaft verpflichtet zu sein. Die Gemeinde war in ihrer Verkündigung treu gewesen, aber nicht darin, durch Taufe, Abendmahl oder Gemeindezucht ihre Schlüsselgewalt auszuüben.

Was, wenn mein Freund zu diesem Zeitpunkt versucht hätte, vor der Gemeinde einen Antrag auf Gemeindezucht zu stellen? Der Prozess wäre an mehreren Stellen abgebrochen worden: Die fragliche Person hätte behaupten können, dass sie gar nicht der Autorität der Gemeinde unterstand, andere Gemeindeleiter hätten zustimmen können und die anderen Gemeindebesucher hätten nicht gewusst, ob sie sich an der Entscheidung beteiligen sollten oder nicht.

Andere Gemeinden haben ein anderes Problem als mein Freund im Nahen Osten. Sie haben eine Mitgliederliste, die viel länger ist als die Zahl der tatsächlichen aktiven Gemeindebesucher – sie haben 300 Leute im Gottesdienst und 1.000 auf der Liste. Wenn das der Fall ist, ist es schwierig, auf integre Weise Gemeindezucht zu üben. Wie kann eine Gemeinde eine einzelne Person wegen Nichterscheinens ausschließen und die anderen 699 in Ruhe lassen?

Kurz gesagt: In den meisten Fällen müssen Gemeindeleiter erst ihre Mitgliederliste überarbeiten, bevor sie Gemeindezucht praktizieren. Die Mitgliederliste sollte weitestgehend aus solchen Gläubigen bestehen, die in den wöchentlichen Versammlungen der Gemeinde anwesend sind (wobei es natürlich Ausnahmen geben kann für Christen, die ihre Wohnung nicht verlassen können, Soldaten auf Auslandseinsätzen usw.).[11]

11 Ein Leitfaden dafür findet sich in den beiden Artikeln von Matt Schmucker: »Cleaning Up the Rolls« und »Cleaning Up the Rolls (Part 2): The Care

Über Jüngerschaft lehren

Wie schon gesagt, sind Lehre und Korrektur Teil der Jüngerschaft wie auch der Gemeindezucht. Und diese Art der Nachfolge im geistlichen Leben geschieht sowohl im privaten als auch im gemeinschaftlichen Bereich.

Deshalb muss eine Gemeinde begreifen: Zur Jüngerschaft Jesu Christi gehört auch, zu wissen, wie man durch andere Jünger Korrektur und Unterweisung empfängt. Die Pastoren müssen die Gemeindemitglieder ermutigen, untereinander Beziehungen zu knüpfen, in denen Korrektur und Unterweisung normal sind. Gemeindeleiter sollten ihrer Gemeinde beibringen, wie ein im Evangelium verwurzelter Christ lernt, Korrektur einzufordern und selber andere behutsam zu korrigieren. Ältere Männer geben sie jüngeren Männern, ältere Frauen jüngeren Frauen.

Wenn die persönlichen Beziehungen in einer Gemeinde von dieser Art der Rechenschaft geprägt sind, ergibt formale Gemeindezucht viel mehr Sinn. Wenn nicht, dann wird der Vorschlag, die formale Gemeindezucht einzuführen, wie ein Blitz aus heiterem Himmel kommen.

Über Selbsttäuschung lehren

Jüngerschaft gibt es unter anderem deswegen, weil alle Menschen, und so auch Christen, anfällig für Selbsttäuschungen sind. Deshalb warnen die Apostel immer wieder die Gläubigen: »Irrt euch nicht!« (1Kor 6,9; Gal 6,7; Jak 1,16). »Niemand betrüge sich selbst«, schreibt Paulus (1Kor 3,18). Und an anderer Stelle: »Böse Menschen aber und Betrüger werden es immer schlimmer treiben, indem sie verführen und sich verführen lassen« (2Tim 3,13). Es ist so einfach zu sagen, wir hätten keine Sünde, und uns so selbst zu verführen, wie Johannes sagt (1Joh 1,8). Selbst unsere Wünsche und Begierden sind trügerisch (Eph 4,22).

Christen, die vergessen, dass sie zur Selbsttäuschung neigen, sind bereits stolz geworden und auf dem besten Weg, zum selbstgerechten Pharisäer zu werden. Die Lösung dafür lautet: Offen für Zurechtweisung sein, um Korrektur bitten, Tadel willkommen heißen. Das ist der Weg der Demut und der Weisheit.

Ortsgemeinden gibt es unter anderem auch deswegen, um uns vor uns selbst zu beschützen. Es sind die Brüder und Schwestern um uns herum, die uns lieben und die sich unserem Wohl verpflichtet haben und die uns helfen, die Dinge zu erkennen, die wir an uns selbst nicht sehen. Was uns selbst betrifft, sind nicht wir selbst die führenden Experten.

Das ist eine Lektion, die Pastoren in ruhigen Zeiten allwöchentlich lehren sollten, damit die Gemeinde gerüstet ist, wenn stürmische Zeiten kommen sollten.

Über Gemeindezucht lehren

Die Gemeinde soll anhand der wichtigsten Texte über Gemeindezucht, wie insbesondere Matthäus 18 und 1. Korinther 5, zu diesem Thema belehrt werden. Predigten, Kleingruppen und Gemeindebriefe sind natürliche Formen dieser Art der Lehre.

Doch Pastoren sollten auch lernen, andere passende Bibeltexte auf die Themen der Mitgliedschaft und Gemeindezucht anzuwenden. So lässt sich die Aussage im 1. Petrusbrief, dass wir heilig sein sollen, weil Gott heilig ist (1Petr 1,16), sowohl auf den Einzelnen als auch auf die Gemeinde anwenden: Wenn Gottes Volk heilig sein soll, dann sollten wir als Gemeinde sorgfältig darauf achten, wen wir als Gemeindemitglieder aufnehmen und ablehnen.

Oder denken wir an die Stellen im Evangelium und den Johannesbriefen, wo von der Liebe die Rede ist, die zum Gehorsam führt. Auch diese Bibeltexte lassen sich nicht nur auf den Einzelnen, sondern auch auf die Gemeinschaft anwenden: Wie lernen wir, einander in unserer Gemeinde besser zu lieben? Indem wir einander helfen zu gehorchen und indem wir einander behutsam korrigieren, wenn wir das nicht tun. Einen ungehorsamen Bruder in Christus zu korrigieren, ist ein Akt der Liebe, wenn es aus den richtigen Beweggründen geschieht. Glauben Sie das?

Solide rechtliche Grundlagen

Solide schriftliche Dokumente fördern auch eine solide rechtliche Grundlage, um in einer rechtsstreitsüchtigen Gesellschaft Gemeindezucht zu praktizieren. Wegen Gemeindezucht ist schon mehrmals erfolgreich gerichtlich gegen Gemeinden vorgegangen worden.[10]

Solche Rechtsstreitigkeiten lassen sich am effektivsten u. a. dadurch verhindern, dass man präzise biblische Verfahrensweisen übernimmt, die umfassend beschreiben, wie unsere Gemeinde gegenüber Mitgliedern, die keine Umkehrbereitschaft zeigen, Gemeindezucht praktiziert. Und eine der erfolgreichsten Verteidigungsstrategien gegen einen Rechtsstreit ist eine Einverständniserklärung. Eine Gemeinde muss zu ihrer Verteidigung in der Lage sein, vor Gericht zu beweisen, dass der Kläger die Gemeindestrukturen und Richtlinien kannte und diese bewusst als für sich bindend akzeptiert hat.

Zusätzlich zu einer solchen schriftlichen Satzung, in der das Verfahren der Gemeindezucht ausführlich beschrieben ist, sollte eine Gemeinde auch in Einführungskursen für Interessenten ihr Gemeindezuchtverfahren ausdrücklich vorstellen.

Dafür finden sich hervorragende Materialien bei den Peacemaker Ministries: www.peacemaker.net.

Aktuelle Mitgliederlisten

Um Gemeindezucht zu praktizieren, muss eine Gemeinde wissen, wer überhaupt zur Gemeinde gehört. Vor einigen Jahren übernahm einer meiner Freunde eine internationale Gemeinde

---

10 Siehe Ken Sande, *Informed Consent: Biblical and Legal Protection for Church Discipline*, 9Marks, Sept/Okt 2009, https://9marks.org/article/informed-consent-biblical-and-legal-protection-church-discipline. Ergänzung Betanien Verlag: Vgl. auch das bei uns erschienene Buch *Sei ein Friedenstifter* von Ken Sande, dem Leiter von *Peacemaker Ministries*.

Einigkeit innerhalb der Gemeindeleitung

Und schließlich ist es auch wichtig, dass die gesamte Leitung einer Gemeinde sowohl prinzipiell als auch im konkreten Einzelfall das Thema der Gemeindezucht mitträgt. Wenn nur ein Pastor oder Ältester hier das Wort führt, während alle anderen sich bedeckt halten, weil sie entweder das Prinzip oder die konkrete Anwendung in Zweifel ziehen, führt das zu Uneinigkeit in der Gemeinde. Wenn ein Pastor seine gesamte Gemeinde über Gemeindezucht belehren will, wie im vorigen Kapitel besprochen, muss er deshalb auf jeden Fall vorher sein Leitungsteam darüber belehrt haben.

Wenn in einer Gemeinde das Thema Gemeindezucht eingeführt wird, kann das heikle Diskussionen erzeugen. In diesem Fall möchte man sicher gerne eine reife Leitung an seiner Seite haben, die die eigenen Überzeugungen teilt.

List«, 9Marks, http://9marks.org/article/cleaning-rolls; http://9marks.org/article/cleaning-rolls-part-2-care-list. Siehe auch den Artikel von Mark Dever: »Why We Disciplined Half Our Church«, LeadershipJournal.net, 1.Okt 2000, http://www.christianitytoday.com/pastors/2000/fall/16.101.html.

SCHLUSS

Alles startklar? Checkliste für Gemeindeleiter

Wenn mich Pastoren aus mir unbekannten Gemeinden fragen, ob sie Gemeindezucht üben sollen, stelle ich ihnen zunächst Fragen zur konkreten Situation. Doch ich gehe mit ihnen auch eine Checkliste durch, die in zwei Teile entsprechend den Untertiteln der beiden vorherigen Kapitel gegliedert ist. Normalerweise gehe ich mit ihnen am Telefon oder im direkten Gespräch Fragen dieser Art durch:

Gemeindezucht-Checkliste für Pastoren

LEHRE

1. Herrscht in der Gemeinde ein Verständnis vom Evangelium, das Umkehr, Gehorsam und die Herrschaft Christi mit einschließt?
2. Gibt es in der Gemeinde eine klare Mitgliedschaft? Hat die Gemeinde ein umfassendes Verständnis von der Autorität der Gemeinde und von dem Aufruf, in permanenter Rechenschaft untereinander zu leben? Praktizieren die Gemeindemitglieder diese Rechenschaft privat untereinander?
3. Haben die Gemeindemitglieder begriffen, dass zum Leben als Christ sowohl Unterweisung als auch Korrektur gehören?
4. Haben sie begriffen, dass sie zur Selbsttäuschung neigen und dass ihnen Gott aus genau diesem Grund in seiner Liebe und Weisheit andere Christen zur Seite gestellt hat?
5. Hat der Pastor die Gemeinde über Gemeindezucht belehrt? Nur einmal oder öfters? Haben auch andere Leiter die Möglichkeit, in Gemeindeseminaren oder Kleingruppen darüber

zu lehren? Erkennt die Gemeinde im Allgemeinen Gemeindezucht als biblisch an?

STRUKTUR

6. Enthält die Gemeindeordnung das Thema Gemeindezucht? Sind die Gemeindemitglieder bei ihrem Eintritt darüber unterrichtet worden, dass Gemeindezucht praktiziert wird? Sind sie unterwiesen worden, sich an die Gemeindeleitung zu wenden, wenn sie bei einem Punkt der Gemeindeordnung ihre Meinung geändert haben? Wissen die Mitglieder, dass sie Rechenschaft dafür geben sollen, dass sie nach biblischen Prinzipien zu leben?
7. Hat die Gemeinde eine solide rechtliche Grundlage? Gibt es Einverständniserklärungen?
8. Entspricht die Mitgliederliste in etwa der Gruppe, zu der sonntags gepredigt wird?
9. Hat alle Leiter die Lehre von der Gemeindezucht verstanden, stimmen ihr zu und begreifen ihre Bedeutung?

DIE KONKRETE SITUATION

10. Wenn dies der erste Fall ist, in dem die Gemeinde Gemeindezucht übt: Ist es ein vergleichsweise einfacher Fall? Das heißt: Ist die betreffende Sünde so schlimm und eindeutig, dass Einmütigkeit der ganzen Gemeinde in der Frage zu erwarten ist, ob dieses Fehlverhalten völlig unvereinbar ist mit dem christlichen Zeugnis – dem Leben als Repräsentant Christi?

ANHANG 1

Typische Fehler bei Gemeindezucht

Bei formaler Gemeindezucht machen Gemeindeleiter oft folgende Fehler:

1. Sie versäumen es, ihre Gemeinde über Gemeindezucht und deren Notwendigkeit zu belehren.
2. Sie gehen mit dem Thema Mitgliedschaft zu lax um. Sie sollten: a) die Menschen vor ihrem Eintritt darüber lehren, was Mitgliedschaft bedeutet, b) sporadische Besucher zum Eintritt ermuntern, c) mit jedem potenziellen Mitglied ausführlich sprechen, d) die gesamte Gemeinde regelmäßig überprüfen, e) eine stets aktuelle Mitgliederliste führen, die widerspiegelt, wer an den wöchentlichen Versammlungen teilnimmt.
3. Sie belehren die Gemeinde nicht über echte biblische Bekehrung, insbesondere nicht über die Notwendigkeit der Buße.
4. Sie belehren neu aufgenommene Mitglieder nicht über die Möglichkeit der Gemeindezucht und darüber, dass ein eigenmächtiger Gemeindeaustritt ungültig ist.
5. Sie achten nicht darauf, dass die offiziellen Dokumente der Gemeinde (Satzung, Gemeindeordnung o.ä.) das Verfahren der Gemeindezucht enthalten. Dieses Versäumnis birgt die Gefahr eines Rechtsstreits.
6. Sie gehen nicht die der jeweiligen Situation entsprechenden Schritte von Matthäus 18 bzw. 1. Korinther 5. Zum Beispiel versäumen sie es, in einer Situation wie in Matthäus 18 zuerst im privaten Rahmen die Sünde anzusprechen.
7. Sie verschätzen sich im Tempo des Prozesses, indem sie die Dinge entweder zu lange schleifen lassen oder zu rasch darüber urteilen.

8. Sie versäumen es, die Gemeinde angemessen darüber zu belehren und ihr zu erläutern, warum ein bestimmter Akt der Gemeindezucht notwendig ist.
9. Sie teilen der Gemeinde zu viele Einzelheiten über eine bestimmte Sünde mit, für die sie Gemeindezucht beantragen, womit sie betroffene Familienmitglieder Peinlichkeiten aussetzen und schwächere Mitglieder ins Straucheln bringen können.
10. Sie behandeln das Gemeindezuchtverfahren komplett als rechtlichen Vorgang ohne Rücksicht auf die seelsorglichen Bedürfnisse der unbußfertigen Person.
11. Sie achten wenig auf die Unterschiede zwischen verschiedenen *Typen* von Sündern und auf deren Bedeutung dafür, wie lange eine Gemeinde ein bestimmtes sündiges Verhalten ertragen soll, bevor sie weitere Schritte der Gemeindezucht geht (vgl. 1Thes 5,14).
12. Sie vergessen, dass auch sie allein aus der Gnade des Evangeliums leben, und üben aus einer selbstgerechten Haltung heraus Gemeindezucht. Aus dieser falschen Haltung folgen weitere Fehler wie zum Beispiel ein zu strenger Ton und eine zu distanzierte Haltung.
13. Sie erweisen dem Sünder keine echte Liebe, denn sie beten nicht für dessen Umkehr.
14. Sie verlangen zu viel von einem glimmenden Docht oder einem geknickten Rohr. Mit anderen Worten: Ihre Bedingungen für eine Umkehr sind unerreichbar für jemanden, der tief in die Sünde verstrickt ist.
15. Sie belehren die Gemeindemitglieder nicht umfassend genug darüber, wie sie dem unbußfertigen Sünder weiter begegnen sollen: wie sie sich zum Beispiel in gesellschaftlichen Umgang ihm gegenüber verhalten sollen und wie sie ihn zur Umkehr bewegen können.
16. Sie laden die ausgeschlossene Person nicht dazu ein, weiter die Gottesdienste zu besuchen, damit sie weiterhin Gottes Wort hören kann (vorausgesetzt, es besteht keine Gefahr von Straftaten). Auch sagen sie der Gemeinde nicht, dass alle hoffen

sollten, dass der oder die Ausgeschlossene auch weiterhin zum Gottesdienst kommt.

17. Sie übertragen einer einzelnen Person, nämlich dem Hauptpastor, die gesamte Verantwortung für das Gemeindezuchtverfahren, wodurch sie einzelne Personen in der Gemeinde in die Versuchung bringen, dem Hauptpastor persönliche Rachegedanken zu unterstellen.
18. Ihre Ältesten sind nicht ausreichend ins Leben der Gemeinde eingebunden und wissen deshalb nicht über den Zustand ihrer Gemeindemitglieder Bescheid. Dieser Mangel an formativer Gemeindezucht wird unvermeidlich die Fähigkeit der Gemeinde schwächen, korrektive Gemeindezucht zu üben.
19. Sie versäumen es, allwöchentlich Gottes Wort zu lehren.
20. Sie gestatten es der Gemeinde, einen Fall von Gemeindezucht aus einem falschen Rachegeist heraus zu behandeln statt aus dem liebevollen Wunsch, den unbußfertigen Sünder vor Gottes Vergeltung beim jüngsten Gericht zu warnen.
21. Sie üben aus unbiblischen Gründen Gemeindezucht (z. B. aufgrund von Kartenspielen, Tanzen usw.).
22. Sie üben aus einem anderen Grund Gemeindezucht als dem wahren Grund, nämlich für das Wohl des Einzelnen, der Gemeinde, der umgebenden Gesellschaft und der Ehre Christi Sorge zu tragen.

ANHANG 2

Bibelstellenverzeichnis

IX 9Marks Evangelium 21

Ist ihre Gemeinde gesund?

9Marks existiert, um Gemeindeleiter dafür zuzurüsten, eine biblische Vision für die Gemeinde zu entwickeln, und stellt Ressourcen zur Verfügung, die dem Zweck dienen, dass Gottes Herrlichkeit weltweit durch gesunde Gemeinden wiedergespiegelt wird. Zu diesem Zweck helfen wir Gemeinden, im Bereich von 9 Merkmalen von »Gemeinde-Gesundheit« zu wachsen, die oft übersehen werden:

1. Auslegungspredigten
2. Biblische Theologie
3. Ein biblisches Verständnis des Evangeliums
4. Ein biblisches Verständnis von Bekehrung
5. Ein biblisches Verständnis von Evangelisation
6. Biblische Gemeindemitgliedschaft
7. Biblische Gemeindezucht
8. Biblische Jüngerschaft
9. Biblische Gemeindeleitung

Alle Ressourcen von **9Marks** finden sie auf unserer Webseite:

www.9Marks.org

Im deutschsprachigen Raum kooperiert **9Marks** mit dem Netzwerk **Evangelium21**. Zu **Evangelium21** gehören Christen aus verschiedenen Kirchen und Gemeinden, die ihren Glauben fest auf Jesus Christus gründen. Ausgerichtet auf die von den Reformatoren wiederentdeckten Wahrheiten – *Gnade allein, Glaube allein, die Schrift allein, Christus allein und zu Gottes Ehre allein* – wollen wir Impulse setzen, durch die Gemeinden neu belebt und gestärkt werden. Als Anlaufstelle für Gleichgesinnte und Interessierte empfehlen wir Kontakte und Ressourcen. Die von uns angebotenen Materialen und Veranstaltungen betonen die Zentralität des Evangeliums für den Gemeindealltag und für das gesamte Leben. Auf unserer Webseite finden Sie unter anderem auch deutschsprachige Ressourcen von 9Marks:

www.Evangelium21.net

Weitere Bücher dieser Reihe

Ray Ortlund

Das Evangelium

Wie die Gemeinde die Schönheit Christi darstellt

ISBN 978-3-945716-33-5 · 7,90 Euro (in Planung)

Jonathan Leeman

Bekehrung

Wie Gott sich ein Volk schafft

ISBN 978-3-945716-34-2 · 7,90 Euro (in Planung)

J. Mack Stilles

Evangelisation

Wie die ganze Gemeinde Jesus verkündigt

ISBN 978-3-945716-35-9 · 7,90 Euro (in Planung)

Jonathan Leeman

Gemeindemitgliedschaft

Wie die Welt sehen kann, wer zu Jesus gehört

ISBN 978-3-945716-36-6 · 7,90 Euro (erscheint April 2017)

Mark Dever

Wachstum durch Jüngerschaft

Wie man anderen hilft, Jesus nachzufolgen

ISBN 978-3-945716-38-0 · 7,90 Euro (in Planung)

Jeramie Rinne

Leitung durch Älteste

Wie man Gottes Volk wie Jesus als Hirten leitet

ISBN 978-3-945716-39-7 · 7,90 Euro (erscheint April 2017)

Bobby Jamison

Gesunde Lehre

Wie eine Gemeinde in der Liebe und Heiligkeit Gottes wächst

ISBN 978-3-945716-40-3 · 7,90 Euro (in Planung)

Buchempfehlung

Colin Marshall, Tony Payne

Das Spalier und der Weinstock

Geistliches Wachstum durch Jüngerschaft statt Strukturen

Betanien Verlag 2015
Paperback · 219 Seiten
ISBN 978-3-945716-07-6
13,90 Euro

»Colin und Tony beschreiben hier genau das, was ich in meinem Leben und in meiner Gemeinde seit Jahren selbst praktiziere. Demnach sollen Christen Jüngermacher sein und Pastoren und Gemeindeleiter als Ausbilder und ›Trainer‹ dienen. Das ist super! Das ist das beste Buch über das Wesen der Gemeindearbeit, das ich je gelesen habe.«

Mark Dever

Welche Aktivität der Gemeinde(leitung) führt zu geistlichem Wachstum und zu Frucht für Gott? Paulus und seine Mitarbeiter haben »gesät, gepflanzt und gegossen, Gott aber hat das Wachstum gegeben« (1Kor 3,6). Wir können auf die Wachstumskraft des Wortes Gottes vertrauen, weil es eine ungeheure Eigendynamik hat! Gott hat in sein Wort die Kraft hineingelegt, dass es wächst und sich wie ein rankender Weinstock auf der ganzen Welt ausbreitet. Unser Beitrag und unsere Aufgabe ist, dass wir es Menschen verkündigen und uns um sie kümmern.

Oft aber beschäftigen sich Gemeindemitarbeiter mehr mit dem stützenden Spalier als mit dem Weinstock: Sie werden von bürokratischen Aufgaben in Beschlag genommen, und das blockiert die Arbeit am Weinstock – an den Menschen mit dem Wort Gottes! Dieses Buch zeigt ganz praktisch den Ausweg hin zu einer Gemeinde mit der Dynamik des Wortes Gottes.

Weitere Bücher vom Betanien Verlag

Mark Dever

Persönliche Evangelisation

Motivation, Inhalt, Praxis

Paperback · 123 Seiten · ISBN 978-3-935558-84-6 · nur 5,90 Euro

»Die Gemeinde hat die Aufgabe der Evangelisation, das ist der Grund, warum wir noch hier sind. Damit Evangelisation erfolgreich ist, muss sie schriftgemäß sein. Mark Dever lehrt und motiviert uns und unsere Gemeinden, um genau das zu tun.« – John MacArthur

John MacArthur

Die lebendige Gemeinde

Der Plan des Baumeisters für seine Gemeindee

Paperback · 315 Seiten · ISBN 978-3-935558-53-2 · nur 7,90 Euro

Wie kann eine Ortsgemeinde dem Plan Gottes entsprechen? Das zeigt dieses Handbuch zu Gemeindeleitung und Gemeindeleben. Themen: Älteste & Diakone, Lehre & Verkündigung, Jüngerschaft, Seelsorge und andere Dienste, Gemeindezucht, Umgang mit falschen Lehren etc.

R. C. Sproul

Bibelstudium für Einsteiger

Eine Einführung in das Verstehen der Heiligen Schrift

Paperback · 140 Seiten · ISBN 3-935553-89-1 · nur 4,90 Euro

Der Autor fördert persönliches Bibelstudium als Vermächtnis der Reformation. In verständlichem Stil gibt er Anleitung zum Bibelstudium und vermittelt ein gesundes Schriftverständnis. Mit Fragen- und Übungsteil.

Michael Lawrence

Biblische Theologie für die Gemeinde

Ein Leitfaden für die Anwendung von Gottes Offenbarung

Paperback · 278 Seiten · ISBN 978-3-935558-45-7 · nur 7,90 Euro

Eine sehr lehr- und hilfreiche Einleitung in die Biblische Theologie – in die Lehre von den roten Fäden der Bibel; mit großem Praxisbezug. Wie erkennt und vermittelt man den ganzen Ratschluss Gottes in lebensprägender Weise?

John MacArthur (Hrsg.)

Biblisch predigen

Eine praktische Anleitung zur Auslegungspredigt

Hardcover · 493 Seiten · ISBN 978-3-935558-85-2 · 24,90 Euro

Dieses Werk bietet den Lehrstoff des Master' Seminary über Predigtlehre und legt überzeugend den Nutzen und die Praxis der Auslegungspredigt dar.